见证

——四川教育改革开放40周年亲历者采访手记

见证

JIANZHENG

SICHUAN JIAOYU GAIGE KAIFANG 40 ZHOUNIAN

QINLIZHE CAIFANG SHOUJI

——四川教育改革开放40周年亲历者采访手记

朱世宏　主编

四川大学出版社

项目策划：唐　飞
责任编辑：蒋姗姗
责任校对：唐　飞
封面设计：墨创文化
责任印制：王　炜

图书在版编目（CIP）数据

见证 : 四川教育改革开放 40 周年亲历者采访手记 / 朱世宏主编. — 成都 : 四川大学出版社, 2019.7
ISBN 978-7-5690-2941-3

Ⅰ. ①见… Ⅱ. ①朱… Ⅲ. ①地方教育－教育改革－研究－四川 Ⅳ. ① G527.71

中国版本图书馆 CIP 数据核字 (2019) 第 150051 号

书名　见证——四川教育改革开放 40 周年亲历者采访手记

主　　编	朱世宏
出　　版	四川大学出版社
地　　址	成都市一环路南一段 24 号（610065）
发　　行	四川大学出版社
书　　号	ISBN 978-7-5690-2941-3
印前制作	四川胜翔数码印务设计有限公司
印　　刷	成都新凯江印刷有限公司
成品尺寸	170mm×240mm
印　　张	15.25
字　　数	241 千字
版　　次	2019 年 9 月第 1 版
印　　次	2019 年 9 月第 1 次印刷
定　　价	88.00 元

◆ 读者邮购本书，请与本社发行科联系。
电话：(028)85408408/(028)85401670/
(028)86408023　邮政编码：610065
◆ 本社图书如有印装质量问题，请寄回出版社调换。
◆ 网址：http://press.scu.edu.cn

四川大学出版社
微信公众号

序

高举新时代改革开放旗帜
坚定不移将教育改革进行到底

中共四川省委教育工委原书记，教育厅党组原书记、厅长　朱世宏

2018年12月18日，党中央隆重召开庆祝改革开放40周年大会，习近平总书记出席大会并发表重要讲话。讲话全面总结了改革开放40年来党和国家事业取得的伟大成就，全景展现了改革开放40年波澜壮阔、气势恢宏的历史画卷，深刻揭示了改革开放取得成功的宝贵经验，充分展示了改革开放永远在路上、坚定不移将改革进行到底的决心和信心，明确提出了必须坚定不移全面深化改革、扩大对外开放、不断把新时代改革开放推向前进的目标要求。习近平总书记的重要讲话，具有博大的战略视野和卓越的政治远见，具有极强的思想性、政治性、时代性，是习近平新时代中国特色社会主义思想的最新成果，是马克思主义中国化的最新表达，是新时代深化改革扩大开放的“动员令”，是高举中国特色社会主义伟大旗帜、将改革开放进行到底的“宣言书”，激荡人心，催人奋进。

教育是改革开放的先行者、受益者、助力者。以1977年恢复高考制度为标志，我国教育事业进入加快发展的轨道，不仅深刻改变了千万家庭和亿万孩子的前途命运，而且为我国经济腾飞和社会

进步提供了有力支撑。改革开放40年来，特别是党的十八大以来，四川教育紧跟全国教育事业阔步前进的步伐，改革发展取得显著成就，为全省经济社会发展做出了重要贡献。教育规模居全国前列、西部第一。目前全省有各级各类学校2.44万所、在学学生人数1870万、教职工107万人。教育发展水平进入全国中上行列。学前三年、小学、初中、高中、高等教育毛入学（园）率分别达82.14%、99.83%、99.5%、90.92%、40.93%。除高等教育毛入学率外，主要发展指标均超全国平均水平。教育公平取得重大进展。165个县（市、区）通过义务教育基本均衡县国家评估认定，创造性实施民族地区15年免费教育、“一村一幼”等重大教育工程，在全国率先实施义务教育“三免一补”。人才培养质量稳步提升。中职毕业生就业率保持在96%以上，高校毕业生初次就业率连续五年超过86%，均高于全国平均水平。教育领域综合改革扎实推进。出台重大改革政策文件20多个，探索形成“9+3”免费教育、“两自一包”等改革经验做法。高校能力建设迈上新的台阶。2所高校入选国家一流大学建设高校，6所高校入选国家一流学科建设高校，32个学科进入ESI全球前1%，其中4个学科进入前千分之一，高校科研及成果转化主要指标均居全国前列。保障水平稳步提升。2017年全省教育经费总投入达2102.74亿元，财政性教育经费占地区生产总值比例为4.27%，财政教育支出已成为我省财政最大的单项支出。

船到中流浪更急，人到半山路更陡。当前，四川正处在转型发展、创新发展、跨越发展的关键时期，比历史上任何时期都更加需要各领域的大师巨匠、领军人物、拔尖人才，更加需要一大批创新人才和高素质劳动者，更加需要千千万万有知识、有技能的产业工人。这为教育改革提出了新的、更高的要求。对改革开放40周年最好的纪念，就是高举新时代改革开放旗帜，坚定不移将教育改革进行到底。

将教育改革进行到底，要处理好“改”与“不改”的辩证关系，该改的、能改的坚决改，不该改的、不能改的坚决不改。

首先，党对教育工作的全面领导不能改，必须牢牢把握教育改革的正确政治方向。加强党的领导是做好教育工作的根本保证。不管什么时候、无论什么境况，深化改革，党对教育工作的全面领导必须坚持。要坚决贯彻党的教育方针，落实新时代党的建设总要求，把政治建设摆在首位，把思想政治工作贯穿学校教育管理全过程，使教育领域成为坚持党的领导的坚强阵地。

其次，教育的初心和使命不能改，必须始终坚守教育的政治属性和公益属性。培养什么人、怎样培养人、为谁培养人，是事关党和国家前途命运的重大问题。要始终坚持社会主义办学方向，全面贯彻党的教育方针，落实立德树人的根本任务，培养德智体美劳全面发展的社会主义建设者和接班人，坚持教育为人民服务、为中国共产党治国理政服务、为巩固和发展中国特色社会主义制度服务、为改革开放和社会主义现代化建设服务。要坚持教育的公益属性，坚持共享公平的价值取向，不断提升教育公共服务水平，努力保障群众教育权益。

再次，教育的客观规律不能改，必须坚持按规律办教育。学生成长、教书育人自有规律，要认识规律、敬畏规律、遵循规律。要“因材施教”，使每个学生都能扬长避短，获得最佳发展；要“教学相长”，师生之间相互促进、相互影响；要“五育并举”，形成价值引领、知识传授、能力培养、身心塑造“四位一体”育人方式；要“有教无类”，坚持以学习者为中心、以学生为中心，让学生差异发展、共同进步；要“传道解惑”，深化人才培养模式改革，提高育人实效和实绩；要“淡泊名利”，树立科学的政绩观，不能用市场化手段搞教育。

将教育改革进行到底，要坚持问题导向和目标导向相统一，让改革改在民生关键处，改在人民心坎上。

第一，要改理念，增进思想共识。树立“全面发展”的理念，让学生的书包里不仅拿得出书本知识，还拿得出理想信念、家国情怀、品德修养，提高学生综合素质。树立“适合的教育才是最好的教育”的理念，让每个孩子的特点都得到发挥，不能用一把尺子去衡量所有学生。树立“人人皆可成才”的理念，公平公正对待学生，特别是要关爱留守儿童、城乡困境儿童、残疾儿童和学习成长相对落后的学生。

第二，要改评价，倒逼内涵提升。着力破除唯分数、唯升学、唯文凭、唯论文、唯帽子的顽瘴痼疾，积极稳妥推进高考综合改革，倒逼中小学教育教学改革，促进高校内涵发展，推进素质教育取得实质性突破，真正把立德树人的要求落实到体制机制上。

第三，要改配置，促进均衡发展。大力缩小区域、城乡、校际之间的差距，加快城乡义务教育一体化改革发展，切实解决“乡村弱城镇挤”、大班额、随迁子女上学难等问题，打好教育脱贫攻坚战，吸引优秀教师到贫困地区、偏远地区从教，充分发挥信息化在均衡配置教育资源中的重要作用。

第四，要改管理，强化依法治理。继续深化教育领域“放管服”改革，构建政府、学校、社会之间的新型关系，充分发挥学校办学主体作用；积极推进清单制管理，合并同类项，减少对学校的各类检查、评估、评价，减少名目繁多而无实质意义的“进校园”活动；注重监管方式创新，加强对办学方向、标准、质量的规范引导，提供优质服务，为学校潜心治校办学创造良好环境。

第五，要改保障，落实优先发展。在经济社会规划上优先安排教育发展，在财政资金投入上优先保障教育投入，在公共资源配置上优先满足教育和人力资源开发需要，确保一般公共预算教育支出逐年只增不减，确保按在校学生人数平均的一般公共预算教育支出逐年只增不减。优化教育经费使用结构，在保障义务教育均衡发展、提高教师待遇、补齐办学条件短板等重点领域予以优先投入，以切实提高经费使用效益。

第六，要改服务，提升贡献水平。在服务“一干多支、五区协同”上下功夫，优化高等教育学科布局和专业设置，稳妥有序建设一批高校产业学院、研发平台和产学研园区；在服务“四向拓展、全域开放”上下功夫，实施“一带一路”教育行动，大力实施“留学四川”计划，打造留学四川品牌，创造条件面向南亚、东南亚扩大留学生招收规模；在服务“5+1”现代产业体系上下功夫，大力推动“产、教、城”一体规划建设，构建“城市围绕大学建，产业依托教育兴”发展新格局。

第七，要改生态，凝聚各方合力。政府、学校、家庭、社会要找准定位、各尽其责，构建全员全过程全方位育人的教育生态链。

教育兴则四川兴，教育强则四川强。全省教育系统要把学习贯彻习近平总书记在庆祝改革开放40周年大会上的重要讲话，同学习贯彻习近平总书记关于教育的重要论述和全国、全省教育大会精神相结合，同落实省委十一届三次、十一届四次全会部署要求相结合，立足新时代，改革再出发，加快教育现代化、建设教育强省、办好人民满意的教育，为推动治蜀兴川再上新台阶提供更加有力的人才支撑和智力保障。

目　录

亲历者说

见证篇

亲历者说

01.

管教育的，就要为教师说话

徐世群

讲述：四川省原副省长

采访：赵　敏　李益众

葛仁鑫　彭之梅

十年树木，百年树人。教育是强国之本，也是强省之本。

1993年1月，我开始担任四川省副省长，根据省政府分工，分管教育工作。1998年换届，我接着干，又分管了3年教育。

党的十八大以来，以习近平总书记为核心的党中央始终把教育放在优先发展的战略地位。2018年的全国教育大会上，习近平总书记发表重要讲话，提出了“九个坚持”。现在，国家教育投入力度越来越大，政策越来越好，教师的地位也提高了。

教师是人类灵魂的工程师，是教育发展的基础。广大教师要练好“内功”、努力工作，提高教育质量，为国家培养更多人才。

千条理万条理，拖欠教师工资就无理

分管教育后，我干的第一件事就是搞调查研究，摸清教育的基本情况。

在对基础教育的调研过程中，我发现了一些问题。当时，《教育导报》刊发了一篇文章，报道南充市拖欠教师工资的事情。文章被《四川日报》

《光明日报》相继转载，在全国引起强烈反响，可以说是一石激起千层浪。

当时，教育部就拖欠教师工资的问题做了调查研究。从全国来看，拖欠教师工资问题都比较普遍，四川的问题非常严重。我了解到，尤其是县乡以下的教师，有的已经半年没拿到工资了，最多的8个月没领到工资了。

我上任抓的第一件事，就是解决拖欠教师工资的问题。教师工资拖欠的原因很多，其中一个重要原因是经济欠发达，这是客观因素。但是，甘孜、阿坝、凉山这些地方，经济也很落后，为什么不拖欠教师工资？我想，最根本的还是当地的党委、政府的认识问题，教育投入不到位。

于是，我就带着省教委、财政厅、发改委的同志一起到地方调研。《四川日报》《教育导报》以及中央驻四川的媒体，一大批记者随行报道。要解决好拖欠教师工资的问题，没有社会舆论的监督是不可能的。

每到一处，我就直接找当地党委、政府的主要负责人。有些地方，县长汇报时大谈客观原因，说财政收不抵支，没有钱兑现，不光教师工资没发，乡镇干部的工资也没发。我当时就只说了一句话：“千条理万条理，拖欠教师工资就无理。”因为保障教师工资，是《中华人民共和国教育法》和《中华人民共和国教师法》等法律规定的。

我到安岳县，副县长汇报拖欠教师工资的情况时，谈了一大堆理由，就是不谈怎么兑现。我就火了，说："你是分管教育的副县长，你都不站出来为教师说话，教师的权益谁来保障？从这一点来说你就没资格当副县长，也没资格来分管教育。"

这是我第一次发火，第二次是在南充。

南充的副市长平时说话吊儿郎当，开会时就说自己怎么困难。拖欠教师工资，最早发现就是在南充。他也是讲大道理，不谈兑现。我跟南充的书记说："你应该把这人撤了，至少不能让他分管教育。"我又把那位副市长找来谈，跟他说："你这样不对，你是南充分管教育的副专员，你都不为教师说话，不为教育说话，谁为教育说话？"后来他也终于承认了错误。

就这样，我们抓了一年多，基本把拖欠教师工资的问题解决了。

实施"广厦工程"，推广"唤马经验"

"广厦工程"也是在调查研究基础上提出来的。当时，四川省国家公务员人均住房面积大概是6.8平方米，但教师才5.6平方米。最严重的是，有2万多名教师家庭没有住房，很多青年教师等着房子结婚。而且有些教师即使有住房，条件也很简陋。

于是，我们就提出实施"广厦工程"。"广厦"二字出自杜甫的《茅屋为秋风所破歌》："安得广厦千万间，大庇天下寒士俱欢颜"。省政府成立了"广厦工程"领导小组，以时任省长肖秧同志为组长，我为副组长。当时全省财政很困难，但省政府下定决心拨了6000万元，支持教师住房建设。在全省召开的教师住房大会上，我和各地市分管教育的负责人签订责任书，对解决问题的时间作了明确要求。

搞"广厦工程"出了很多典型。比如成都市的教师新村、自贡市的教师住房小区，都建得非常好。还有"唤马经验"，我可以给你们讲一讲。

当时《教育导报》的记者拿了一摞材料来告诉我，苍溪唤马有个"教师一条街”。我接过资料，认真看了一下，就决定派人去调查。如果属实的话，对于解决乡镇教师住房是一个很好的典型。

唤马是广元市苍溪县一个边远的乡镇。那时，从成都到唤马镇有400多公里，交通非常不方便。前前后后，我一共去了三次。当地老百姓说，我们唤马这么偏僻的乡镇，不要说省领导，新中国成立前连一个县长都没来过。

我到镇上后，就在“教师一条街”挨着走、挨着看。教师在街上集中建房，都是建的两层楼，底下是铺面，上面是住房。教师平均住房面积达到20多平方米。

我了解到，当地党委、政府对教育非常重视，抓住实施小集镇建设的机会，大胆提出让教师到镇上集中建房，并实施“四个优先”政策：一是教师选宅基地优先；二是办理手续优先；三是减免税负优先；四是贷款优先。

调研时，我问老师：“现在房子建起来了，你欠了多少钱？”

老师说：“我不欠钱。我是有一点钱建一点，好几年才建起来。”

这样一来，解决了好几个问题：一是教师的收入增加了，生活条件改善了，他可以更安心地教书育人；第二，夫妻不用分居了，教师家属在门面开店，卖点小东西，就业问题也解决了。

唤马“教师一条街”的经验，确实值得在全省推广。但是我又想：当地教学质量究竟怎么样？

我到唤马镇中心校去实地考察，教师的备课本、学生的作业本，我都挨着看。唤马镇中心校的教育质量始终在学区保持第一，德育、课外活动也做得很好。这么偏远的一个乡镇学校，教育的各项指标都很好，这就不简单了！

从唤马回来后，我写了一篇考察报告，建议在全省推广“唤马经验”。同时，将报告呈报中央，当时分管教育的国务院副总理李岚清在报告上批示：请派人核实，如属实，就在《人民日报》《光明日报》宣传四川唤马“教师一条街”的经验。

后来，在大连召开的全国教师住房工作会上，四川省就解决教师住房的经验作了交流发言。

省政府每年为教师办10件实事

在省政府常务会议上，我提出：省政府每年要为教师办10件实事，包括解决教师住房、民办教师转公办教师、教师夏令营等，社会反响都很好。

当时，全省民办教师有2万多人，工资比公办教师低很多，一个月只有120元左右。我到很多民办教师家中调研，发现他们都是从自己家里背了红苕、土豆到学校去煮，加点豆瓣、咸菜，维持生活。很多民办教师一生最大的愿望就是能够转成公办教师。

我下定决心，无论如何要解决这个问题。1994年，省里给了5000个民办教师转公办教师的指标。后来，我们又通过国家发改委、教育部，争取到了12000个指标。此外，成都市拿出了2000多个指标，其他市州加起来拿出了几千个指标。这样，一共有21000个“民转公”指标，民办教师转公办教师的问题就基本上解决了。

在调研中，我还了解到另外一个问题：很多边远贫困或民族地区的老师，连县城都没有去过。

针对这个问题，我们办了很多届教师夏令营，将这些地方的中小学老师组织到成都来，带他们到医院参加体检；请成都四中、七中、实验小学、泡桐树小学等名校的老师和他们一起交流、上课，提高教学水平。

后来，我们还组织了一个由20多位边远贫困地方的老师构成的教育代表团到日本山梨县交流访问。当时代表团辗转经过上海，上海还安排我们代表团的老师们参观当地的名校。上海的朋友说："你们四川省组织教师出国学习这件事，连我们上海都没干过。"

这批老师到了日本，受到当地民众排队欢迎。我们在那里一周多，山梨县的主流新闻媒体随团采访，在日本引起很大反响。

"普九"任务决不能打折扣

我上任时，正好《中国教育改革和发展纲要》（以下简称《纲要》）发布。贯彻落实《纲要》精神，我们要根据四川的实际情况，制定目标、任务，以及政策、财政的保障措施。我们提出，到20世纪90年代末，90%以上的地区要普及九年义务教育，在成都等经济发达的地区要普及高中教育。

当时，我们划分了三大片区。第一片是经济发达地区，如成都、德阳、绵阳等；第二片是丘陵地区，如宜宾、泸州、广元等；第三片是甘孜、阿坝、凉山等。第一片区，要求提前完成"普九"任务；第二片区，也是要求提前完成，但提前的时间短一点；第三片区，是必须保证在20世纪末要全部达到相应指标。

"普九"最关键的是硬件，包括校园面积、用房面积、设施设备等。这些是硬指标达不到的话，验收过不了关。我跟市州分管教育的同志签订"普九"责任书的时候说："省政府制定的'普九'指标，是一个基本标准。你们拿下去后，不能层层打折扣。你再一打折扣，再把指标一调整，那'普九'就成一句空话了。"

"普九"过程中，涌现出了很多好的典型。成都双流，在1996年实现了

“普九”。当时的县委书记、县长对教育非常重视，他们用8个月的时间建成了棠湖中学，创造了“棠湖效应”。双流始终将教育摆在优先发展的位置，投入的力度很大，所以提前4年就普及了九年义务教育。

眉山的洪雅，经济不算发达，但书记、县长，还有分管教育的副县长，在“普九”上抓得非常得力，当地的群众更是非常重视、支持。有个乡的党委书记和乡长说：“‘普九’任务无论如何我们都完不成。”结果，老百姓就跑到乡政府说：“你们不干，我们自己干。我们再穷，不能穷娃娃。”

结果，一个个家庭拿出谷子来建学校。当时，建个中心校要二三十万。这些农民直接拿出自家的谷子，把钱凑齐了。验收学校时，老百姓说：“这所学校是我们拿谷子码起来的。”

到20世纪90年代末，四川的九年义务教育普及率超过98%，顺利完成了“普九”任务。

02.

教育创造未来生活

韩邦彦

讲述：四川省原副省长
采访：赵　敏　李益众
彭之梅　刘　博

我已经快88岁了，在教育战线干了66年。我22岁从四川大学毕业，留校当助教，此后就一直没有离开过教育战线。在这66年中，我既经历了新中国成立最初17年的建设，也经历了改革开放的40年。特别是近40年，是最精彩的一段时光，国家发展得好，个人也很不错。

改革开放的前奏

新中国成立后，人民当家做主，推翻了“三座大山”，中国从半殖民地半封建社会中解放出来，完全独立了，实现了统一，这是过去难以想象的。

从1949年新中国成立到1966年“文化大革命”，这17年成绩巨大。按照党中央确立的发展方针，国家抓发展、抓上层建筑，做了很多事情。在工业、军事和农业等方面，都花了大力气。

1952年，我在四川大学留校，当了两三个月助教，就马上被派到哈尔滨工业大学完成硕士研究生阶段的学习任务。那时候，主要是跟随苏联专家学习。为了尽快发展工业，当时全国抽调了很多青年教师到哈尔滨工业大学进修，学成后回本校开设新专业，设立新实验室。那几年，哈尔滨工业大学培养了“八百壮士”。我回四川大学后，就开始承担系里的一些任务。1953年，四川大学工学院独立出来，成立了成都工学院。

社会要发展，教育是基础，科技是关键。科教兴国，没有良好素质的人才，一切都是空话。科技是第一生产力。那怎样提高成为第一生产力呢？就是要用科技武装人的头脑。

邓小平恢复工作后，对科教非常重视，第一板斧，恢复高考；第二板斧，召开全国科学大会。邓小平为教育做了顶层设计的理论架构，这个非常重要。

一个基础——教育培养人，所以它是一切行业发展的基础。

两个尊重——尊重知识、尊重人才。重新确立知识分子的属性是工人阶级，让广大知识分子群体如释重负。

三个面向——面向现代化，面向世界，面向未来。现代生活决定现代教育，现代教育也要创造未来生活。

四有新人——培养有理想、有道德、有文化、有纪律的一代新人。

在这样的情形下，出现了“八方抬教”的趋势，这是改革开放40年大解放、大发展的一个开端。

拼命降低校舍危房比例

20世纪80年代，全省中小学校舍中危房的比例很高。教学条件实在太差了，很多学校里用的是石桌子，学生坐的是草垫子。在调研过程中，我有两次都是看得眼泪汪汪的。

第一次，是在重庆武隆的一所中学。我看到，学生在很潮湿的木棒棒上，用草垫一垫，然后盖上被子，就躺下睡觉。

还有一次，是在旺苍县的一所小学。学生也是睡在木棒棒上。更让人痛心的是，很多学生的骨头有问题，牙齿也问题明显。我们一查，发现是水质的原因，重金属超标。

危房多，就威胁学生生命安全。有一年，外省有所学校的厕所垮了，压死了8名学生。听到这个消息，我们也压力非常大。随后，在全省召开了很多次现场会，下定决心要改善办学条件。1988年到1993年，我们拼了5年的命，花大力气抓“排危”，大大降低了危房比例。

四川有几大地震断裂带，发生大地震的概率很高。这些地方的学校，我现在都很担心。我们的校舍至少要能扛8级地震，有关部门一定要多检查校舍是否达标。平时不注意，一旦灾难来临，后果不堪设想。

除了“排危”以外，我们也要求学校配齐起码的教学用具，比如桌椅板凳、黑板等，还有一些必备的实验仪器设备。做得好的学校，我们进行表彰。

当时还没有条件“普九”，主要是普及初等教育，也就是“普六”。成都平原的地区，各项教育指标与全国的要求相比，没差多少。但是，贫困山区和民族地区，这项工作就很艰难了。

有些地方，男孩可以读书，女孩要在家干农活、带弟弟妹妹。这个问题，在凉山彝族自治州比较突出。布拖县办了女童学校，让女孩也来学校上课。学生晚一点来没关系，甚至可以背着弟弟妹妹来，下午放学也可以早一些。

还有一些地方，因地制宜地引入了职业教育元素，教给义务教育阶段的

学生一些适合当地生产生活的实用技术，受到当地老百姓的欢迎。

阿坝藏族羌族自治州若尔盖县藏文中学的创校校长罗让尼玛，是草原上一位非常了不起的藏族教育家。他针对阿坝地区的牧业需要，总结了许多实用技术，创造了一套“尼玛办学模式”。这所学校将牧民教育、技术教育和普通教育融合在一起，既教给学生知识，还教给学生一些草原放牧中经常遇到的问题的解决办法，为藏区培养了很多人才。甘肃、内蒙古都派人到若尔盖学习，并在当地推广他的“尼玛办学模式”。后来罗让尼玛去世了，我专门去吊唁。当地牧民非常推崇他，称他为“草原孔夫子”。

调整高校专业结构

我国的高等教育在新中国成立后的很长一段时间内都是学的苏联，类别单一，方向比较窄，但很实用，在当时培养了不少人才。但是，那种模式打基础不如欧美高校宽泛，随着现代科技综合化趋势的发展，这种结构上的缺陷就日益明显。

从世界范围来看，顶尖大学一般都注重各类高校之间或者高校与科研单位之间进行联合协作。比如哈佛大学和麻省理工学院，两所名校互相竞争，但教师、图书等资源共享；斯坦福大学和伯克利大学也是，一个偏工科，一个文理科厉害，两所学校搞交叉学科。

改革开放的过程中，在高校专业结构调整上，我们也做了一些工作。一是拓宽基础，把划分过细或划分不合理的专业归并调整；二是学科融合，学文科的要有相当的理工知识和基础，学理工的也要有一定的人文涵养，文理结合，理工渗透。

改革开放以后，经济、科教领域都在进行机制体制改革。当时，高等教育管理过于死板，学校发展受到限制，改革主要集中在两方面：一是放权，让学校多些自主性；二是发扬民主，成立教代会、学代会和学术委员会，在学校的重大事情上，这些机构都要参与。

现在教育有个现象：初中、高中玩命学，大学后就松了一口气。当时，我们强调“以本为本”，就是以本科教学作为大学教育的重要任务，首先是把本科办好，把基础打牢。这样，进入研究生阶段，学生专攻某一领域，向更高层次发展，创造性就会强一些。

03.

为国家建设培养高素质人才

卢铁城

讲述：四川省人大常委会原副主任，
四川大学原党委书记、校长，
四川省教委原主任

采访：李益众　赵　敏　彭之梅

1984年2月，我到省高教局工作。1992年年底，离开省教委领导岗位，到美国做教育参赞。1997年回国，到原四川联合大学工作。2004年，退出四川大学领导岗位后，又在做教育部直属高校的巡视专员，直到2013年。所以，对全省教育系统尤其是高等教育40年来改革开放的情况，我都还比较熟悉。

逐步改革招生制度，让更多优秀青年上大学

四川是人口大省，也是高教大省，可以说四川高教是全国的缩影。在改革开放初期，我国高等教育既不能满足经济社会发展的需要，也不能满足广大人民要求上大学的迫切需求。当时，全国高教毛入学率低，落后于世界上绝大多数国家，青年学生上大学难；高校办学条件很差，校园狭窄，师生居住条件差，教室和实验室破旧；师资薄弱，教育质量和科研水平也比较落后，人才培养的质量和数量有限，导致人才成为严重制约改革开放和经济社会快速发展的决定性因素。

当时高等教育改革的主要方向是打破在社会主义计划经济体制下所形

成的高等教育高度集权的计划管理体制和运行机制。改革的主要内容是破除阻碍高等教育快速发展和质量提高的思想观念、管理体制、运行机制，探索适应社会主义市场经济体制需要、促进高等教育快速发展和质量提高的新体制、新机制。

最初，高校仍然实行计划经济体制下单一的“统招、统包、统分”制度，即国家计委根据经济发展和干部人数增长的需要制订高校统一招生计划；学生进校后一切由国家包下来，大学生成为“准国家干部”；学生毕业时按国家计委下达的任务统一分配到全民所有制单位。

进入20世纪80年代，国家首先开始招生制度改革的探索。1984年，我参加了教育部在福建召开的全国招生改革座谈会，开始了招生制度改革的探索，如高校在完成国家统招计划条件下，允许高校招收少量委托培养生、自费走读生和定向分配生，为大学生缴费上学做了小范围的试验和一定的舆论准备。

但是，这种改革就出现了大学收费的“双轨制”。为克服“双轨制”的弊端，1994年起国家逐步进行招生收费的“并轨”改革试点，很快就实行了全体大学生缴纳住宿费和部分培养费的招生收费制度。

在实行大学生缴费上学的同时，政府和高校设立了学生奖学金、生活困难补助金、临时困难补助金、勤工俭学、减免学费等，建立了完善的国家学生贷款体系，从而保证不让一个学生因经济困难而辍学，这就保证了大学收费制度改革的平稳和成功。

为适应市场经济体制下民营经济蓬勃发展对人才的需求，高校毕业生就业制度也适时地从按国家指令性计划统一分配逐步改革为“市场导向、政府调控、学校推荐、双向选择”的就业制度。这一就业制度促进了高校深化教学改革，提高教学质量；也促进了学生刻苦学习，适应市场就业竞争需要；更加保证了把大学毕业生输送到急需人才的单位和岗位，推动了经济尤其是民营经济的大发展。

改革管理体制，逐步给高校放权

在20世纪八九十年代，上级主管部门逐步给高校放权“松绑”。高校依法办学的自主权逐步扩大，拥有了学校内部机构设置、干部任免考核奖惩、教师职务评聘、经费使用、基本建设安排、对外交流合作、人事分配制度改革等权限。这一改革既增强了学校的责任感和积极性，也增强了学校参与市场竞争的能力，促进了学校的发展。

在计划经济体制下，高校只有“公办”一种体制。随着改革开放的深入，国家允许设立民办高校；21世纪前后，国家教委又批准设立了一大批具有中国特色的独立学院。民办大学（含独立学院）的出现促进了公办大学改革的深化，迅速扩大了高教办学规模，推动了高等教育的跨越式发展。

进入21世纪，高校在扩大规模、获得更多依法办学的自主权后，把重点转到校内全面改革，扫除一切阻碍学校发展和教育质量提高的思想观念和体制、机制：减少管理机构，精简领导干部；调整专业、重组院系；加强课程、教材建设，充分利用信息技术，改进教学方式、方法；改革人事制度，引入竞争机制，实施业绩奖励；采取综合措施，加强教师队伍建设；改革学生管理制度，增强学生自主管理能力……

改革的成效从宏观上看：一是高教层次结构更趋合理，专科、本科、硕士、博士教育的比例更加适合经济社会发展的需要，培养高层次人才的能力大大增强；二是学生知识、能力结构更加合理，数学、外语、计算机得到加强，人才培养质量有较大提高，更加接近经济社会发展对人才的需求；三是高校科技实力大大加强，科研经费大幅度提升，科技论文、专利、成果快速增多，高校已成为国家重要的科技力量和地方经济社会发展的推进器；四是高等教育的办学效益大幅度提升，正在向国际先进水平进军……

为做大做强四川大学，很多人做出无私贡献

1984年年初，我从成都电讯工程学院调到四川省高教局和省教委工作，直到1992年年底，近9年的工作中有三点强烈感受：一是当时全省乃至全国都没有一所办学规模超过万名学生的大学；二是全国有33所大学建立了研究生院，而四川虽有5所全国重点大学，但却没有一所有大学获准设立研究生院；三是当时国家财力有限，对高教的重点投资都落到了东部重点大学。

1994年，我在美国教育参赞岗位上获悉原四川大学和原成都科技大学合并的喜讯，高兴极了。我想，“强强合并”后的四川联合大学很有可能首先实现我在省教委工作时对四川高教的期盼。

当时很多人不理解这一做法，认为四川两所教育部部属全国重点大学合并，让四川少了一所全国重点大学。原两校的主要领导顶住舆论压力，不考虑个人有失去校长、书记或其他领导职务的可能，一切为了学校的改革和发展而坚持“并校改革”，正是他们的远见卓识成就了今日新川大的发展，他们是我省教育改革的先锋，令人尊敬。

1997年年底，教育部对四川联合大学的校班子进行了调整、换届，原来有15位校领导、2位校巡视员和7位校长助理，调整后只保留了9位校领导，加上从校外调去的我担任书记、校长，校班子减少到10人。

说实在话，当时我思想上压力很大，顾虑到原来的校领导可能会不支持我的工作。但事实却出乎我的意料，从领导岗位上退下来的原校领导和留在新班子里的原书记、校长们都抛开个人的得失，全力支持我的工作。在后来学校的各项改革决策中，新班子成员几乎都是一致赞同，校班子出现了团结拼搏的崭新面貌。

2000年，原华西医科大学的校领导也是不顾校内外部分学生、校友施加的巨大压力，背负着“有90年办学历史、海内外著名的华西协合大学的金字招牌将在他们手里结束”的舆论压力，也不考虑个人职务的变动和精神上的

压力，主动提出与四川大学合并，为四川拥有一所真正意义上的综合性研究型大学做出了贡献。

我到原四川联合大学工作后，首先进行了精官简政、专业调整、院系重组的校内改革。通过这次改革，学校原有的581名处级干部精简到292名，精简率达50%。当时我思想上的顾虑确实很大，想到改革一下子让近一半的干部失去处级干部的"乌纱帽"，担心不再担任领导职务的干部们可能会形成巨大的反对改革的力量。但事实是，学校广大干部都能顾全改革发展的大局，他们宁可抛弃自己的"乌纱帽"，也要积极支持学校的改革。

所以，四川大学能有今日的成就，应该感谢原川大、成科大、华西医大三校的老领导、老中层干部，他们对当年的改革做出了无私的贡献。

改革考试制度，培养拔尖创新人才

改革开放以来，我国教育取得了巨大成就，但目前老百姓对教育意见仍然很大，到处可以听到对教育的抱怨声：一是培养拔尖创新人才的能力不强；二是学生的思想品德教育很不理想。

全国人民都熟知“钱学森之问”：“为什么我们的学校总是培养不出杰出人才？”全国很多专家学者做出了自己的解答和建议，但近10年来，专家们的建议仍然没有完全落实到各级学校的办学和教学实践中。

有人把我国的教育描写得一塌糊涂，我不赞成这种观点。我国大中小学教育质量总体上高于很多国家，尤其是在基础知识掌握的均值和考试成绩方面领先于很多国家。这是因为新中国成立以来，我国各级教育高度强调统一：统一的办学模式，统一的教学计划、大纲、教材、要求，也用统一的考试和标准选拔人才，这就保证了在基础知识和能力培养方面的“均值”较高。正是这种“均值”较高的教育培养了数以千万计的各类专门人才，才保证了改革开放以来我国经济连续高速发展。

但也正由于我们的教育过于强调“统一”，妨碍了因材施教的贯彻，不允许学生标新立异，加之“一考定终身”的全国高考制度，造成如下结果：一是迫使大批智慧超常的学生在应对升学考试的题海战术中耗费掉大量精力；二是造成学生学业负担过重，剥夺了他们自主学习、独立思考的时间，还损害了身体健康；三是扼杀了青少年的好奇心、想象力，阻碍了突出冒尖人才的成长。这也使我们的教育难以培养出敢于进行颠覆性创新的杰出人才。

中华民族以勤劳智慧著称于世界，如何让我们的教育能培养出大批杰出拔尖人才，让中国的科学技术领先于世界？我建议我国应逐步建立考生自由申报、高校自主选录的“双向选择”制度。

高考改革的愿景是让合格的高中毕业生自由申报心仪的高校，由高校根据考生高中阶段的全部学业成绩、德智体综合素质、全国统一的高校入学考试成绩和个人兴趣特长，自主选录最有培养潜能的学生，而不是仅仅凭几门课程的一次考试成绩决定考生的命运。

为了实现这个愿景，我建议采取下述相应的配套措施：建立严格合理的高校评估制度，高校必须将学校信息向社会公布；积极创造条件，在高中阶段实行学分制，赋予学生选择课程的自主权；高中阶段的主要课程实行全省或地区（市、州）统考制（或称为课程学业水平考试）；国家考试院建立全国性的大学入学考试中心（类似于美国的SAT或ACT），其组织的全国统一考试的成绩也是高校录取新生的重要依据之一；加强中学教师队伍建设；高级中学必须建立规范完整的学生电子信息档案；倡导和鼓励大学与中学加强联系、合作，共育拔尖人才；加强大学教师队伍建设。

提高学生思想品德教育的实效

现在，人们普遍认为学校培养的人才的思想品德很不理想。有人甚至认为当前人民最痛恨的“苍蝇”“老虎”都是学校培养出来的，因为那些得了好处乱办事的公务员、大小贪官都具有高校文凭。不少大学教授也认为：大学不是培养了“先天下之忧而忧、后天下之乐而乐”的社会精英，更不是培养了全心全意为人民服务的公务员，而是培养了大批“精致的利己主义者”，他们有高学历，嘴里的话讲得漂亮动人，背地里却干尽令人不齿的事。

当然，出现大量“苍蝇”“老虎”的原因比较复杂，简单地谴责教育显然有些偏颇。但从教育自身的角度反思，学校也确实受到了社会上拜金主义思潮的影响，在一段时间里背离了教育本义，从经济利益出发，放松了学生的思想品德教育，致使学生的世界观、人生观和价值观在学校阶段没有得到较好的培养。

优良思想品德的培育不同于科技文化知识的传授。科技文化知识的拓展可以通过增设课程、增加课时、强化灌输达到一定效果，但这套做法并不适用于优良思想品德的培育。优良思想品德的养成，不仅与学校教育有关，而且与家庭教育、社会教育、环境氛围和社会影响有着密切的关系。就学校教育而言，优秀思想品德的培育绝不是单一地靠增设课程、增加课时、强化灌输所能奏效的，而必须着眼于让学生亲身参与和自我感悟。

大中小学学生优秀思想品德的培育必须摒弃单一的说教灌输模式，真正实现教书育人、管理育人、服务育人。教育工作者必须树立一个共识：学生优秀思想品德的培养不只是思想政治课教师和班主任、辅导员的事，也不能单一地依靠思想政治课的说教，而是全体教师、全体教育工作者必须积极参与、共同做好的立德树人的大事。

“学高为师，身正为范。”在学校，最令学生尊敬的是学识渊博、关爱学生的教师，因此，教师应结合课程教学，讲授本学科杰出人物的贡献及其品德、志向，谈谈个人治学的经历和感悟，把学生思想品德的培育渗透到业务教学中去。

校长和管理服务人员决不能把学生简单地看作是管理对象，更不能把他们看作是捞钱的对象，而要把他们看作是国家未来的栋梁、民族的希望，要像对待子女弟妹般地关爱学生，为他们的全面成长提供帮助和服务。

教育工作者必须为人师表，学校良好的领导作风、机关作风、教风、学风、校风是培育学生良好品德的沃土，每个学校必须弘扬学校精神，加强全面素质教育。如果学校风气不正，就不能给学生成长创造良好的环境氛围，必将贻误学生的全面成长。学校要善于用学校优秀教师、校友、学生的成才故事引导学生健康成长。

社会上总是以升学率高低评价中小学办学业绩。升学率高的小学、初中、高中就成为重点学校，上级重点投入，家长也不惜缴纳高昂的“择校费”。有的学校还集中有限的教学资源办重点班，让家长缴纳高昂的“择班费”。教育部门允许学校这样做，必然引导学校背离教育本义，把教育作为挣钱手段，这必然会引起群众的强烈不满。

此外，高价择校也必然引导教师大搞有偿补课。有家长反映：有些教师重要内容课堂上少讲或不讲，迫使学生参加有偿补课，凡不参加补课者，班上考试就不能得高分。这种做法使得教师背离了教书育人的崇高使命，把学生作为他们捞钱的对象，“一切向钱看”。

“高价择校”和“有偿补课”是对青少年思想的强力腐蚀剂，它用事实引导学生从小学会利用手中的权力去捞钱，在这种情况下，课堂上再去讲什么要树立正确的人生观、价值观，学生根本听不进去，而只能教会学生“说一套、做一套”的本事。为了培养学生的优秀思想品德，必须采取综合措施，禁止“高价择校”和教师的“有偿补课”。省级部门要尽快用主要课程的全省（或市、州）统一的学业水平考试成绩去考核校长和教师。在提高教师工资待遇的同时，要对校长、教师提出严格要求，严格校长的选拔、考核、奖惩制度，严格教师职称晋升、业绩考核和奖惩制度，建设一支热爱教育、忠于人民教育事业的高水平教育管理队伍和教师队伍。

04.

坚持科学发展，振兴四川教育

涂文涛

讲述：四川省教育厅原厅长
采访：李益众

我是改革开放“恢复高考”的直接受益者。1978年，我考入当时的四川财经学院财政系。四年后留校，在学校工作任教，直到2005年，我才离开财大，担任四川省教育厅厅长，到2013年年初。

2018年是我国改革开放40周年。40年，在人类历史的长河中仅是短暂的一瞬间，但对于当代中国的发展进步，对于中华民族的伟大复兴，有着非常特殊的意义。

教育公益性、公共性、公平性日益凸显

1977年是中国现代教育史上具有划时代意义的一年。在邓小平同志的倡导下，因“文化大革命”一度中止的全国高校招生统一考试制度得以恢复。以此为起点，四川教育与全国一道迈出改革开放的历史性步伐。改革开放40年，四川教育实现的不仅是数量的增长，而且是教育思想、规划、结构、体制、内容和评价等一系列根本性的变革，形成了与社会主义市场经济体制相适应、具有四川特色的教育体系。

在这40年的发展中，四川教育改革发展呈现出更加注重公益性、公共性和公平性，更加注重为经济社会发展服务、为人民服务的显著特点。

特别值得一提的是，从2006年开始，我们全面落实义务教育经费保障机制改革，大力实施“两免一补”（后来又变成“三免一补”）。当年，国家免除农村义务教育阶段1000余万名学生学杂费，为300余万名贫困学生免费提供教科书，对100万名左右贫困寄宿生补助生活费。2008年开始，免除城市义务教育阶段学杂费。

此外，四川不断推动公共教育资源向农村、民族地区、困难群体倾斜，切实解决进城农民工子女、农村留守儿童和残疾儿童接受义务教育的问题。2008年，四川省农民工子女接受义务教育学生就已经达到33.4万人，在校残疾学生达到3.7万人。

伴随着40年来国家经济、政治、文化体制改革的步伐，我省教育一直坚持“三个面向”，主动适应经济社会发展需要，大力推进体制和机制的改革创新，初步建立起与社会主义市场经济体制相适应的教育体制。

一是改革管理体制，省、市、县分级管理教育的体制逐步建立。义务教育实行“国务院领导下由地方政府负责、分级管理、以县为主”的管理体制，职业教育实行“省政府领导下市州政府负责、分级管理、政府统筹、社会参与”的管理体制，高等教育形成“三级办学、两级管理、以省为主，市州或行业共建共管，多种模式并存”的管理体制。

二是改革投入体制，财政拨款为主、多渠道筹措教育经费的体制逐步确立。义务教育全面纳入公共财政保障范围，实现了真正意义上的免费义务教育。

三是改革办学体制，政府为主、社会各界共同参与办学的体制逐步形成。民办教育逐步发展壮大，投资主体和办学模式日益多样化。

打赢抗震救灾和灾后重建多场硬仗

2008年是我省教育改革发展历程中极不平凡的一年。5月12日的汶川特大地震给我省教育系统带来巨大灾难，师生伤亡惨重。

在党中央、国务院和省委、省政府的坚强领导下，在教育部的有力指导下，在各兄弟省的大力援助下，我省教育系统打赢了抗震救灾的多场硬仗，实现了在2008年9月1日灾区学校全面复学复课的目标，取得了教育系统抗震救灾的重大胜利。

面对巨大灾难，我省教育系统抗震救灾工作分为两个阶段：第一阶段是2008年5月12日至9月1日，主要任务是抢险救灾，实现全面复学复课；第二阶段是2008年9月1日之后，我们的任务是克服困难，全力以赴推进学校恢复重建。

当时，教育系统灾后重建工作任务艰巨，但首要的一条还是确保工程质量。我们明确提出，严格建设标准，坚决反对超标准、盲目攀比、铺张浪

费、豪华装修等不切实际的做法，确保把有限的资金主要用于保障建设项目安全和恢复完善功能上。

后来，我们提出把灾后恢复重建作为推进四川教育改革、实现四川教育振兴的有力抓手。也就是说，我们要通过科学的恢复重建，使灾区教育完全恢复到震前水平，灾区学校的办学条件达到或超过灾前水平，通过灾区教育的恢复与发展，使我省义务教育阶段办学条件更加均衡，各级各类教育发展更加协调，教育体系结构更加合理，素质教育更加有效推进，教育质量明显提高，使全省教育上一个新的台阶。

比如说，在灾区学校的恢复重建中，成都围绕统筹城乡教育发展进行探索和实践，走在了全省的前列。在恢复学校校舍重建的同时，成都市依托多年来城乡教育均衡发展打下的基础，加大农村学校特别是灾区学校的软件建设，实施优质教育资源下乡等相关工作，提升农村学校的整体水平。

高水平完成“两基”，实现历史性跨越

我省是最具代表性的西部大省，也是全国“两基”工作最后一个接受“国检”的省份。

我省的“两基”之路始于20世纪80年代，走得既漫长又异常艰难。这是由我省的省情决定的：地域辽阔，人口众多，民族地区和边远山区发展严重滞后，2008年又遭受特大地震的严重损毁……

这种艰难的境况可以描述成一场两个对立面的赛跑。一方面极力控辍保学，另一方面导致学生流失的因素也在酝酿发酵；一方面大力修建校舍，另一方面最初“普九”时修建的校舍因年代久远渐成危房；一方面国家全面实施课程改革、推进素质教育，另一方面单纯追求考试成绩和升学率的片面思想无处不在。

令人欣慰的是，在历时25年的马拉松式的长跑中，前者跑赢了后者。支撑这种赛跑的核心动力是省委、省政府对优先发展教育、办人民满意的教育

的决心和行动。

我现在仍然清楚地记得，那是在2011年的12月，国家教育督导检查团到四川省进行了“基本普及九年义务教育和基本扫除青壮年文盲”工作督导检查和评估验收。其间，检查组检查了攀枝花、凉山、阿坝、绵阳、广安、德阳、自贡、宜宾、成都等不同类型的9个市（州）10个县（区）的学校。

2011年12月17日，四川省人民政府在成都召开总结大会。时任教育部部长的袁贵仁说，“5·12”汶川特大地震后，在极其艰苦的条件下，四川人民迎难而上、全力以赴、团结奋斗，夺取了抗震救灾伟大胜利，灾区教育得到跨越提升，全省教育事业快速发展，“两基”攻坚任务全面完成。这是四川教育改革发展史上的重要里程碑，是全国教育改革发展史上的重要成就。

自1986年开始，我们全力推进“两基”工作，历经基本普及初等义务教育、基本普及九年义务教育和基本扫除青壮年文盲、实现“两基”人口全覆盖三个历史阶段。到2010年年底，全省181个县（市、区）全部通过“两基”验收，“普九”人口覆盖率达到100%，全面实现“两基”目标。

通过“两基”国检，四川教育站上了新的起点。毫不夸张地说，高水平完成“两基”，不仅实现了我省教育发展史上又一历史性跨越，也筑起了我省教育发展新的里程碑！

以教育为抓手推动民族地区长治久安

四川是一个多民族大省，是我国第二大藏区。由于历史、自然、经济等多方面的原因，我省民族地区教育发展相对滞后，难以适应当地经济社会发展的需要。

2000年，省委、省政府启动实施了“四川省民族地区教育发展十年行动计划”，在全国率先打响了民族地区“两基”攻坚战。

随着“十年行动计划”的实施，中央和省投入了巨额资金，为民族地区新建、扩建学校，配备教学仪器、图书资料和远程教学设施设备，教学现代化水平大幅提升。

到2011年，我省又启动了第二轮“四川省民族地区教育发展十年行动计划”，每年投入7个亿，加快民族地区教育发展。

为进一步深化和巩固民族地区“两基”成果，从2009年开始，我省在全国率先实施了藏区“9+3”免费教育计划，让藏区完成九年义务教育的学生到内地中职学校免费接受三年中等职业教育。2010年秋季学期，我省又启动实施了彝区免费中职教育计划。

省委、省政府做出加快民族地区教育发展、实施“9+3”免费教育计划的战略部署，这是加快民族地区发展、实现长治久安的治本之策，不仅为民族地区青少年找到了一条成长、成才的道路，也为加快发展民族地区教育特别是职业教育、促进民族地区跨越式发展和长治久安探索出了新路子。

回顾我省“9+3”免费教育计划的实施和成效，我深切体会到：

必须站在战略的高度大力推进民族地区教育。牢牢把握各民族共同团结奋斗、共同繁荣发展的主题，巩固和发展平等、团结、互助、和谐的社会主义民族关系，是我们党和政府的重大责任。

必须坚持遵循教育管理规律。突出爱国主义教育、民族团结教育、行为规范教育、法制教育和感恩教育，注重品德涵养和习惯养成教育，强化专业素养和技能水平，确保学生人人成长成才、全面发展。

必须坚持维护群众根本利益。“9+3”免费教育计划的实施，帮助民族地区青少年增强劳动技能和竞争本领，让他们尽快适应和更好地融入现代社会，让众多的家庭快速脱贫、早日致富，更为民族地区培养了一大批懂技术、能创业的新型建设人才，把扶贫和支援由过去的“输血”转变到了增强自我发展的“造血”功能，有力推动民族地区经济社会又好又快发展。

05.

我的命运被高考彻底改变

吴定初

讲述：四川师范大学教授、
博士生导师
采访：赵　敏　李益众　彭之梅

1976年，党中央一举粉碎了“四人帮”，结束了“文化大革命”。紧接着，邓小平恢复工作。他当时抓了一件最大的事——提高科学技术和文化教育在我们国家中的地位。

1977年8月，邓小平亲自主持召开了科学与教育工作座谈会。会上，邓小平明确表态：“今年就恢复高考。”10月12日，国务院正式宣布当年立即恢复高考。

当时，全国高等学校已经10多年没有招生，突然恢复高考，给我们带来莫大的希望。正是这一决定，改变了许许多多普通人的命运。我的命运，也在这一浪潮中被彻底改变。

在整个“文化大革命”期间，我都没有放弃读书

1966年，我初二尚未毕业，就没有读书了。有两位中学老师先后跟我说过大意相同的话：“吴定初，你不要看现在社会这么混乱，国家这么混乱，我们国家要发展，总有一天会重新重视文化教育。”他们叮嘱我：“一定不

要将书本丢了，要多拿出来看看，以后这些都用得上。”

当时，学生打老师、打校长、砸学校的现象比较普遍，我没有打过任何一位老师，而且也几乎没有骂过我的老师，我很尊重他们。我的老师也知道我尊重他们。我想，正是因为这样，在当时恶劣的环境下，他们仍私下悄悄给我忠告。他们对我的谆谆教诲，我铭记于心。在整个“文化大革命”10年间，我都没有放弃读书。除了不时复习初中的知识，我还偷偷借了高中的课本自学。

在国家正式公布“恢复高考”后，将近两个月的时间里，我和许多伙伴们利用休息时间，走进老师们免费举办的高考复习班，相互誊抄着很不容易找来的复习资料。那时的我们真是犹如饥渴了很久的“禾苗”，亟须“雨露”的滋润，个个废寝忘食、夜以继日地读书和复习。

1977年12月10日至12日，已经是初冬季节。在寒风中，一场与以往高考和以后高考时间都完全不同的高考正式举行。我们怀着无比激动的心情，走进中断了11年的高考考场。四川省三天的考试安排是这样的：第一天上午考政治，下午文科考历史、地理，理科考物理、化学；第二天上午考数学，下午考语文；第三天是外语加试。这一年，我很幸运地上了线，很遗憾的是由于志愿填报不当，最终未能被录取。

1978年，恢复高考后的第一次全国统考，这次时间是在7月20日至23日。我至今还保留着当时的准考证。当时的考试安排是：20日上午考政治，下午考历史；21日上午考数学，下午考地理；22日上午考语文，下午考外语；23日是外语的口试。

这一次，我又经过半年的复习，考试发挥得更好。在高考结束的那一天下午，我一走出考场，就非常自信地告诉朋友：“这次，我应该能走了。”

从这段往事中，我觉得应该告诉人们的是：即使是在知识文化科学技术不受尊重的年代，我们都要充满信心，终有一天文化知识会有用。因此，即使在非常混乱的时候，都不要丢弃书本，即使偷偷地学习也不要放弃。只有这样，才能在国家需要的时候有所作为。

提前一年毕业，“既得学识又得子”

1978年3月，77级大学新生入学，10月，78级新生进入大学，两届大学生在同一年入学。

1978年10月28日，我经过10多个小时的颠簸，从乐山出发到达中国最美大学之一的西南师范学院（现在的西南大学），从此开始了我的大学生涯。

当时我已经28岁，但在我们班还算是中等年龄。班上还有33岁的同学，他已经是3个孩子的父亲。虽然当时生活条件艰苦，但老师对学生非常好，给了我们最好的学习环境。他们经历过身心折磨，但仍然对国家的未来充满信心，对我们这些学生可以说是倾其所有，迫切期望将平生所学都教给我们。老师在我们身上寄予厚望，希望我们这些从“文化大革命”中走出来的第一批大学生，能够将国家的科学技术文化教育重新带到一个新的高度。

学习机会来之不易，我和我的同学们很多都是三点一线，寝室、食堂、教室，就在这几个地方转悠，周末也在读书。本科毕业的时候，同学在纪念册上给我留了一句话，说我“读书没有星期天，既得学识又得子”。因为我是大学期间申请结婚，有了孩子。所以说大学四年，我既学习了知识，又得到了孩子。

本科毕业，我顺利地考上了母校的研究生，跟随我的导师、国内著名的教育学家张敷荣先生攻读硕士学位。1929年，张敷荣先生由清华大学资助，公费到美国留学。1936年，他获得斯坦福大学的博士学位，学成归来后投身中国教育事业。

本来我的硕士学位是要读3年的。为了响应国家快出人才、出好人才的号召，我的老师觉得我可以提前一年申请毕业，所以我两年就拿到了学位。我在西南师范学院短暂工作后，就来到了成都。一年后，我到了四川师范大学，一直工作至今。

既注重教育公平，又要选拔培养好偏才奇才怪才

改革开放以来，大学经历了各种各样的改革。虽说有坎坷，但政府始终注重教育的发展，注重教育质量和教师地位的提高，注重培养学生成为人才。

钱学森在去世之前的几年，多次向温家宝总理提出："为什么我们的学校总是培养不出杰出的人才？"我觉得可以反思的方面很多，比如文理分科。我们不可想象，一个很杰出的人才，他的文理是跛脚的，是分离的。杰出人才与众不同的品质是创新精神。创新精神的核心是不走老路，不走前人走过的路，要走出一条新路，即使这条路是失败的，他都敢去走，他都有能力去尝试，为后人继续探索提供"此路不通"的教训。但是，现在学生这种探索的勇气不够，探索的能力不强。这种局面是怎样造成的呢？我觉得我们老师应该要反思。

进入21世纪，高等学校招生数量增长加快，老师数量增长也比较快。这就需老师加快提高教学水平、学术水平，才能引导学生实现个人的进步。

要培养杰出的、一流的人才，就需要为特殊的人才打开特殊的门路，在偏才、奇才、怪才的选拔上，有自己的妙招。选拔学生如此，选拔老师也应当如此。

我举个老师的例子来说。1925年前后，清华大学成立国学研究院，谁来当导师呢？校长曹云祥到处延聘导师，梁启超就推荐了陈寅恪、王国维。校长问："他们获得了博士学位吗？"梁启超说："没有。"校长又问："他们有等身的著作吗？"梁启超说："也没有，但陈寅恪的一篇论文就抵得过我所有的书。"在这种情况下，清华大学还是果断地聘请了王国维、陈寅恪。

所以，我们今天选拔教师，也要"不拘一格降人才"。我们选拔学生，要多发现一些偏才、奇才、怪才，让他们在偏、奇、怪的路上能够越走越远，越走越好。

今天我们追求教育公平，这是对的。对普通大众来说，对几乎所有的高

考学子来说，高考的路、成才的路，都应该是公平的。但是对极个别（可以说是同龄群体中的万分之一）的偏才、奇才、怪才，要给他们足够的空间。这方面，我觉得还需要继续努力。

不辜负这个伟大的时代，不辜负改革开放的政策

在改革开放的浪潮中，教育学也和其他学科一样，获得了很快的发展，学术争鸣相当活跃，人们的新思想、新观念、新理论层出不穷，新的论著也有不少。用刘道玉先生的话来说："20世纪80年代中前期，是我们国家高等教育发展的黄金时期。"当时的感觉就是，"忽如一夜春风来，千树万树梨花开"。改革开放的春风，思想解放的春风，鼓舞着、滋润着每一个人。

1990年7月，全国中青年教育理论工作者学术研讨会第二届年会在四川召开。这个会上，华东师范大学的刘佛年教授、厦门大学的潘懋元教授、北京师范大学的顾明远教授等国内著名学者都亲临大会。他们和我们这些30多岁的青年学者一起交锋、争鸣，大家没有等级的高低，没有学术辈分的疏离，

平等地探讨教育理论问题，氛围非常好。

当时，我研究生毕业没几年，在学术上还很有锐气，总想着要研究一些比较高深的理论问题。在这次会议上，我见到了这么多著名的老一辈学者，见到了一大批青年的同行才俊，这对我来说是一种激励。我感觉到任重道远，必须得要下大力气，快马加鞭。后来，我自己在学术上始终有一种紧迫感。45岁以前，我晚上几乎没有早于12点睡觉的。因为白天要做行政工作，还要上课，搞科研、写文章就只有晚上。当然，这不值得提倡，还是要爱惜身体。

我们那代人受惠于国家太多，心中有一个信念，觉得应该把有限的精力和能力贡献给国家的教育事业，必须更加努力，必须要拿点东西出来。时至今日，我也没有觉得自己拿出了多少真正有价值的东西，但也算是尽力了。

今天，我已经快70岁了，仍然在指导博士生，还在为学校的教育质量提升承担一些督导方面的工作。我就是想，无论如何我们都不能辜负这个伟大的时代，辜负改革开放的政策，辜负人民对我们的培养。在任何困难的情况下，都要坚信我们的国家一定会好起来，都要坚信科学技术文化教育一定是国家兴旺发达的根本。我们一定要坚信，要有这种信念。

06.

我眼中的四川教育 40 年

姚文忠

讲述：成都市陶行知研究会会长

采访：倪　秀

1978年到2018年，改革开放的车轮向前走了40年。这40年，四川教育改革从未停歇。

1977年，我37岁，是一名普通教师。2018年，我78岁，仍然活跃在教育一线，走进一所所学校，站上一个个讲台。

恢复高考，打响教育改革开放的第一枪
“四川教育的生机恢复了”

1978年，我在乐山市犍为县罗城完中任教。也是在这一年，学校迎来了恢复高考后的第一届考生。

在恢复高考前，大家的学习热情本就不低，恢复高考的消息一出，大家的学习热情就像火山一样喷发了。当时学校让我写了一篇名为《致高考学子》的散文诗，诗的大概意思就是谈高考对人生的价值，并鼓励高考的学子，用一张红纸誊抄贴在学校办公室外墙。罗城的老百姓、学生纷纷来抄写这首诗，抄了3天。

“科学的春天来了，教育的春天也来了。教育春风劲吹，我们要迎接这个新的时代。”至今，我还记得散文诗是这样开头的。

在这样的热情中，学校迅速集结了几个“高考班”，其中一个学力比较突出。当时，群众对学习的认识很高，老师们的干劲充足。由于学生增多，教材不够，老师就刻钢板给学生印资料，即使满手冻疮也不在乎。没有恢复高考时，老师们喜欢去农村“转田坎”；高考恢复后这样的时候少了，因为备课辅导的时间增加了。

高考的恢复，把教与学的积极性、学校管理积极性，以及家校之间的联系这三个方面都激活了。恢复高考的决定，在我看来，无疑是改革开放在教育打响的第一枪，让中国教育秩序从相对混乱的时代进入了知识学习的时代。

当时教育的外部环境，在社会和社会管理者方面，都持一个很开放的态度。老师刻下的钢板马上就能印，教育经费也不缺。社会环境的开放使得办教育和教书的人感觉不到障碍和矛盾。

当时，家长对教师的尊重和拥护程度也非常高。我当时在罗中担任班主任，还要上4个班的物理课，又要管文工团，是学校工作量较多的教师。但我几乎每天起床后，房间门口都会放着一个鸡蛋或者鸭蛋，又或者是一小袋白糖。我在学校食堂买饭，厨房工人都特别照顾我，不用排队。

在罗中工作7年，1980年，我要前往四川教育学院就职。离开犍为时，当地把我评为一等劳模，还奖励了40元，专门安排一个车送我到成都。我当时作为本科大学生，一个月工资也就54.5元。但那时受到的尊重，我至今难忘。

教育学院建立，全国重视教师培训
“四川教育发展的基本格局形成了”

1985年5月27日，《中共中央关于教育体制改革的决定》发布，其中特别之处是：强调切实加强师范教育和教师进修，把发展师范教育和培训在职教师作为发展教育事业的战略措施。中央和国务院以前也有几个这类文件，正

是在这样的背景下，四川开启了全省的局长、校长和教师培训。

当时，全省对各地分管教育的政府领导、教育局局长和校长开展培训。而针对这些学员，大家认为应该用区别于普通教师的培训方法：从应用出发而不是从概念出发，上课的内容应该让他们进入了作为校长、局长的情境里，然后再给概念和理论。

学员们交作业很踊跃，课堂上也允许打断教师讲话。当时地方派人来学习，积极性都非常高，几乎没有人缺席。在一个县级局长培训班上，我组织各县局长编写了一本书，叫《县教育局工作手册》，一共5万字。这本书对县教育工作产生了一定的指导作用。

四川省教育厅非常重视教材建设，给教育学院下了任务，让教育学院编写培训教材。四川教育学院编辑出版了一套教育学、心理学和学校管理学的培训教材。这套教材最终成为全省教师培训的基础，连续供应了7年。至此，四川教育管理者的理论框架基本建立起来了。

在培训的同时，省教育厅提出一个要求：对学生“开发智力，培养能力”。这在当时是一个比较新的课题，如何落地？最初大家都存在疑问。但事实证明，这8个字，迅速从科学层面被应用到了学生层面，这很大程度上得力于最初培养的那一批校长、局长和老师。我们成为让口号落地的最好的“中介”。正因为如此，这一批人才能从心理学层面和教育规律层面去理解和落实这个要求。

那个时期，四川涌现了很多教育典型。绵阳市涪城区，从1982年开始一直坚持不间断地搞师资培训，提出了“送教上门”的口号，又具体化为“送教到校、到家”，老师如果在学校没得到培训机会，就“送教到家”，老师可以在家接受教育培训。正是这持续将近20年的培训，为绵阳教育师资的质量和敬业态度打好了底子。绵阳的做法，就是当时四川教育在师资培训上的一个缩影。

当时提出“开发智力，培养能力”，是有深度的，同时也是生疏的。由此可见，当时对素质教育认识已经萌芽了。四川从1982年开始提出这个概念，这足以证明四川教育不仅很早就有开放和改革的格局，还有创新的意识，这跟四川的教育传统有关系。

20世纪80年代初期，洪雅实验小学搞学生书画教育，仁寿实验幼儿园开始利用树枝树叶做剪贴画，成都实验小学搞“活”的教育，龙江路小学提出在乐园中育人，成都七中组织数学实验教材的验证性使用……这一系列的例子都证明，四川教育在改革开放之后，虽然有高考和升学压力，但整体理念是培养有能力的人，并通过全面师资培训，将这个理念落实。与此同时，四川教育科研的气息越来越浓，当时的教师和教育管理者，对教育采取一种研究态度。四川教育的基本格局，也在这个时候形成了。

挫折中，教育从外部治理走向内涵发展
“不断向前，仍是四川教育发展的主流”

随着时代的发展，教育学院和中师学校开始退出历史舞台。对中小学教师的培训任务交给高校后，出现了一些问题。高校的教师培训理论与实践存在脱节的情况，注重理论，中小学教师不适应，培训效果差。几年后高校发现了这个问题，迅速把有经验的中小学一线老师放在培训者的岗位上，他们做实践指导，高校教师做理论指导，这就迅速扭转了纯理论的培训局面，强调与实际结合。事实上，改革精神在教育行政部门和社会管理部门都存在，发现问题后能及时反思。之后还出现了名师工作室等，这使得教师培训又逐渐回到正道上来了。

当时，随着社会的发展，四川乃至中国的教育在一定程度上受到了干扰和影响，因为应试压力，学校内部开始有了一些困惑和烦恼。但社会大众还是认为教师仍然是知识分子当中最值得信赖的力量，家长、学校仍然保留对教师的尊重。

1989年，四川省委宣传部组织调研，我跟着去了南江、万源、通江等地考察，也是在这次调研中，我们在万源发现了善于写作的邱易东老师，在南江发现了李江油老师，大家都对他们在教育上做出的努力和创举表示充分肯定。

同一时期，乐山市赵家骥在实践中创造性地提出的构建农村教育新体系的“三环论”得到国家教委的重视，改变了对农村教育单一的机械化的理解，使各种教育形式拉起手来，发展职业教育和成人教育，从而适应农村发展的需要，其中以青神县的竹编工艺教育、青神县学道街小学的劳动教育等为代表的成果，让大家感受到教育改革高涨的热情。

另一方面，以小学、中学为代表的四川省的教育科研开始发展。改革开放40年，四川教育始终是保持了向前发展的势头。从开发学生智力到学校内涵发展，到教育科研的发展，四川教育取得了不少成果，如乐山提出的“三环论”，南江坚持的农村教育，绵阳一直保持的师资培训等。岳池县用最简单的方式给学生提供锻炼条件，受到联合国的重视；营山师范附小的童声合唱成为全国优秀的节目。他们都代表着四川教育的主流和基本特点。

在这样的发展主流和基本特点下，四川教育到底能走向何方？中国教育学会秘书长杨念鲁曾用这三个词概括四川教育的特征：开放、智慧、好学。

在我看来，这三个特点是有的。但为何四川教育还没能走上最高点？原因在于四川教育是一种“散打”的局面，实践做得好，活动相当多，学习也很积极，但就少了一个环节，这个环节就是中国哲学所提的“悟道”，就是所谓的理论思维，这要通过严格而系统的理论思考，“去粗取精，去伪存真，由此及彼，由表及里”。

下一步，四川教育的贯穿力如何形成？在我看来，四川教育一方面需要不断地深入实践，而另一方面要组织有实践经验和理论基础的人来共同思考，思考四川教育的精魂在哪里？四川教育依据的社会基础在哪里？四川教育的文化基础在哪里？四川教育人的实践基础，以及在实践中积累的智慧和经验在哪里？只有弄清楚了这些，四川教育的风格才可能凝练，才能在全国教育之林中站立起来。

07.

办农民满意的农村教育

赵家骥

口述：四川省教育学会副会长、
乐山市教委原主任

采访：赵　敏　彭之梅

改革开放40年，四川农村教育发生了翻天覆地的变化。

最初，学校办学条件十分简陋，四面透风的“四穿（川）”教室处处可见。农村学校到处是危房，每逢刮风下雨，教育随时有可能发生垮塌而伤害学生。有的乡村学校，在祠堂、庙宇中办学，比如乐山市市中区的一所学校，大殿里有四个班，上课时，四位老师同时讲课互相影响。

那时，一般都是学生自带桌凳，还有不少地方使用石桌石凳，或者土砖砌成的课桌。有的地区，因为常年使用石桌石凳，学生形成了“O”型腿。个别地方，招兵体检没有人合格，都是因为腿并不拢。

不少乡村学校教师没有办公室，也没有办公桌。讲台上，除了一张布满疤痕、看不清楚的黑板，什么也没有。教师上课用的粉笔也定量。不少地方的学生、家长从来没有见过风琴，学校买了风琴，群众还会约着一起到学校看“怪物”。

树立三座丰碑

改革开放40年，四川农村教育变化巨大，具体来说就是立起了三座丰碑。

第一座丰碑是扫除文盲。我们采用“一堵二扫三提高”的方针，从全民动员扫盲到全民动员抓学龄儿童入学，再到普及初等教育，经过艰苦努力，基本扫除了文盲。

第二座丰碑是实现基本“普九”。从集资办学，改善办学条件，到以县为主体、乡为基础落实办学责任；从最艰巨的消除危房，到农村最好的房子是学校；从普及初等教育，到基本普及九年义务教育，并通过教育部的检查验收；等等。这些都是了不起的成就。现在，人们说起“普九”好像很容易，就是读书嘛，一所学校可以装好几千人。其实，“普九”是一个很艰苦的过程、一件非常不容易的事，各级党委、政府、人民群众都给予了很大支持。

第三座丰碑是构建多元农村教育体系。农村职业教育从零开始，到发展壮大形成体系；成人教育从只有几个扫盲教员到农村有了成建制的成人学校，再到推行实际、实用、实效的“短平快”教育，适应了农村发展的多层次、多形式的办学需求。

农村从单一的文化基础教育，到普教、职教、成教相互结合以及相互渗透，逐步构建起适应社会主义新农村发展需要的农村教育新体系。不仅如此，电大、自考、远程教育等都在农村有很大发展。正是这个新体系，支撑了农村的改革发展，支撑了小康社会建设。

提出“短平快”模式

1983年，全省开始大力发展职业教育，最开始很艰难。大家都不理解为什么农村要搞职业教育，觉得读书就是读了初中读高中，读了高中读大学，还要什么职业教育？但是，经济社会发展，人口素质提升，职业教育必不可少。

最初，县以下没有职业教育，成人教育也基本没有。当时，农民迫切需要支持，农民要致富，没有知识、能力和技术是不行的。

1983年，我们探索出“以县为主、乡为基础、分级办学、分解管理”的管理体制，提出农村教育以一个县为龙头，以它为中心来统筹协调解决问题。这个体制经过实践以后，效果非常好，后来就在全国推广开了。

我在丹棱县一所乡农学校里，见到校长正在为招生发愁。我们经过一番考察，提出了改“长班为主”为“短班为主”，改“学文化为主”为“学技术为主”，在实践中取得了意想不到的效果。后来，我又借用大家耳熟能详的排球快攻战术“短平快”，给乐山农村成人教育模式命名。短，指每一次学习时间短；平，指把握生产力发展水平与受教育者的接受水平；快，指捕捉科技信息快，反映市场变化快，所学技术见效快。“短平快”教育模式本质是实用、速成。

我们为什么要搞“短平快”？当时农民确实很穷，要致富怎么办？必须要学技术。技术从哪里来？成人学校。他们到学校后怎么办呢？按课程一个农民一年要学1200个小时，基本就脱产了。农民上有老下有小，是家里的主要劳动力，这样的教育方式他们是接受不了的。

针对这种情况，我们就把要学的内容化整为零。每次的时间短一点，他们能够来一两天都可以，来半天也行，根据他们的实际需要安排课程。这样一来，农民非常高兴，而且很多人因此致富了。

就这样，乐山市以乡镇农技校为依托，办起果、蚕、菇、药、竹编等几十种专业技术培训班，学习人数从1983年的1.7万人激增到1986年的60多万人。1986年，国家教委简报宣传“短平快”模式，并在乐山召开现场会。1987年，“短平快”模式在亚太地区“大众教育研讨会”国际讲坛亮相，赢得满堂喝彩。

1989年，我们又推出“宽实活”职业教育办学模式，即宽基础、重实践、活模块。宽，指专业覆盖面要宽，主学一门专业，兼学相关专业课程；实，指内容实际，强化实践，培养动手、经营和解决问题的真本事；活，指学籍管理、招生对象、办学形式要活。

“一所富民学校”

对农村教育来说，普通教育、职业教育、成人教育，三个元素不能少，这也是我提出的农村教育体系三环构建的核心思想。三个元素有机组合，而不是简单的相加。如果把普通教育、职业教育、成人教育比作三个圆环，那么它们必须围绕提高人的素质这个核心，紧紧地扣在一起。三个基本元素通过育人这个一致的目标而交叉、渗透、互补，发挥整体功能。三种教育相互开放、互为补充，形成“一条龙工程”：以职成教育中心为龙头，乡镇成校、初中为龙身，村组为龙尾，抓好粮、菜、药、茶、林、竹等项目，以实现农户产业化生产为目标，让一条条项目巨龙腾飞起来。

当时，我们着力打造了几个富民工程，其中一个是仁寿文宫枇杷。我们先后请了8位教授到当地上课。每次上课，屋里屋外都站满了人，这也说明农民是很渴求科学技术的。另一个是夹江云吟职中的“宽实活实验模型”，实现了动物、植物、微生物的循环利用。

眉山市青神县南城成人教育中心校长陈云华运用“短平快”模式办学，坚持“职业教育与经济相结合，技术学校与产业相结合”的办学道路，实现了“办一方教育，富裕一方人民”的理想。该镇有近3000户农村居民从事竹编生产，就像是3000个车间办到农家大院，教育成果惠及了广大群众。

南城成人教育中心被誉为“一所富民学校”，被联合国确定为世界竹藤网络中心培训基地。陈云华校长被邀请到20多个国家开展培训，已成为“一带一路”27个国家竹产业联盟“盟主”。青神的“南城模式”，从小到大，由弱到强，经历了30多年的奋斗历程，是改革开放中职业教育发展的一个缩影。

这些年，党和政府的政策非常好，对职业学校扶持力度大，这对培训现代农民以及往后的职业农民，奠定了很好的基础。

依托乡土办好小微学校

农村教育困难很多，在新形势下，这些困难又变了一种形式。城市化、城镇化快速推进，农村逐渐萎缩，出现了很多小规模学校，或称微型学校。这些学校学生人数在200人以下，基本办学条件还过得去，但是师资难以配齐，备课、教研、进修、培训等一系列重大活动难以正常开展，甚至课程都无法开齐。

小微学校是新形势下的一个新特点，但必须高度重视。习近平总书记强调，教育改革要“以人民为中心”。小微学校如何办好老百姓满意的教育，是当今教育行政部门及农村教育工作者必须探索解决的问题。

如果引导得好，小微学校自然就成了小班制教学，有利于学生个性化发展，也可以管理得更精细、更到位。怎么将“小”的优势发挥好，这个很重要。我认为，抱团发展是小微学校的生存和发展之道。

在农村微型学校的研究中，我将乡土文化加入其中，提出“乡土孕育少年，办老百姓心中的理想教育”。我的标准很明确，不去学成都的“四七九”，不学“五朵金花”。这些城市名校我们学不好。我们就是要办好符合自己实际的学校。针对农村学生特点，培养自信、自立、智慧（简称“3Z”）的新少年。和城市学生相比，自信是农村孩子的弱势，要获得长远的发展，自信是必不可少的。

乡村孩子拥有城市学生不具备的一些优势。一般来讲，乡村孩子生活自理、吃苦耐劳、亲近自然，这些比城市学生要好。乡村有各类种植场、养殖场、实验场、茶园、果园、菜园、水渠，以及丰富多彩的乡土文化，这些都是可供研究和学习的资源。农村小微学校要充分利用这些资源，开展创新创造活动，增强孩子的自信，拓宽学习的渠道。

农村小微学校要发展，还必须加强保障措施。改革经费供给方式是最重要的保障。现在，我们学校的拨款体制是按人头给经费，学校规模小，经费就不够用。对小微学校，可以实行“保底经费”制度。“保底经费”就是让学校起码有活下去的经费，如果办得好，还可以再追加一些。在乡村振兴战略中，这个问题一定会引起重视并得到解决。

08.

建设小而美的乡村学校

杨松林

讲述：广元市教育局局长
采访：彭之梅

我今年55岁了，出生在广元市剑阁县。我们这一代人，20世纪70年代初开始入学，亲身经历了改革开放40年来的教育发展全过程。我读大学时学的是教育，参加工作后干的也是教育。到现在，一辈子都在干教育这一件事。

农村教育四部曲

工作30多年，我有17年在基层学校，17年在教育局。所以，我是广元教育改革开放40年来发展变化的亲历者。

现在想起这40年，我觉得可以分为以下4个阶段。

第一个阶段是改革开放之初，广元农村教育的特点是“两多一差”：校点多、学生多，办学条件差。那时，农村校点几千个，学生五六十万，办学条件特别艰苦。很多学校的住宿是大通铺，孩子们挤在一起睡。教室的桌椅板凳东拼西凑，不少还是三根、两根腿的板凳。合格的教师也非常少，教师学历水平普遍比较低，还有很多是代课教师。客观地说，校点多、学生多也是一种优势，体现了教育强大的服务功能，对推动当地经济社会发展意义重大。

第二个阶段是20世纪80年代中后期到90年代初期，广元农村教育的特点是：两少一普。

“两少一普”就是校点减少，学生减少，普及九年义务教育。几千个校点变成了一千多个，学生也在逐年减少。随着父母进城务工以及学籍管理制度的改革，学生大量流出。也就是说，学生不再像以前那样只能在本地读书，而是可以到父母务工所在的城市就近入学。

那时，农村教育总体上比较薄弱，办学条件的改善过程也很曲折。国家开始推进“普九”，给农村教育带来极大变化。我们亲身感受到了农村办学条件的改善：很多学校纷纷推倒“土围子”，建设起了标准砖混结构的牢固校舍；课堂从庙里面搬出来，走进了规范的教室；图书、设备增多，桌椅板凳变好。

“普九”带来的变化给我感觉最突出的是教师待遇，以前教师工资不能按时发放，有时候根本发不出来。那时，我已经到广元市教育局工作了，按时足额发放教师工资，是相关工作人员每个月最头痛的一件事情。

通过“普九”，教师各方面的待遇明显改善。例如，我们广元的“唤马经验”，解决了农村教师留不住、待遇差、没有住房的问题。在唤马镇，学校修建了教师一条街，让教师安居，既创造性地解决了教师待遇问题，又推动了当地的经济发展。

第三个阶段是2000年以后的10年，广元教育改革深入推进，基本特点是：两小一缺。

第一个“小”是农村义务教育小而弱。跟城镇学校比起来，农村学校的办学实力、竞争力都相对较弱。

另一个“小”是农村学前教育小而差。在农村，学前教育往往是附属于小学，小学化现象严重。独立以后的学前教育，师资又不够，政策不配套，布局也不合理。现在提倡“每个乡镇至少要有一所独立的公办幼儿园”，这个政策很好。

一个“缺”是农村缺职业教育和成人教育。有一段时间，农村职业教育和成人教育比较弱。

总的来说，这个阶段出台的一系列政策，给农村教育带来了希望，带来了活力，也带来了巨大的发展。

第四个阶段是教育综合改革的关键时期，基本特点是：两小一均，即小而美、小而优、区域优质均衡发展。

经过了前几个阶段，广元教育积贫积弱的局面得到了改变。在这个基础上，广元教育一直致力于让农村孩子在家门口享受到公平而有质量的教育。

乡村学校规模小，是相当长一段时间内的一个现状，而且是难以改变的现状。我认为，我们也不需要刻意改变这个现状。从某个角度来说，“小”才是教育应有的面貌。无论是我国古代还是西方国家，教育发展到一定阶段，学校办小才体现它的针对性，才能真正落实到因人施教、因材施教。随着教育改革的深入，国家提倡教育公平，提倡均衡和优质，所以农村学校的小可能也是优势。

建设小而美的乡村学校，不仅仅是指环境美，还包括和谐的师生关系。在许多乡村学校，留守儿童多，老师教书育人的任务更重，既当哥哥姐姐又

当爸爸妈妈，睡前讲故事，起床梳小辫，食堂陪吃饭，寝室陪睡觉。这就是小而美的具体体现，家长了解后非常感动。针对农村的小规模学校，管理者要扬长避短，实现个性化发展。

上海复旦大学附中的一位副校长，参观了我们广元的乡村学校后非常震惊。在他的印象中，乡村学校应该是又差又弱。结果他看到上海最好的一个学校的课程资源传递到了范家小学，两地的孩子在同步上课。更让他吃惊的是，范家小学的优质教育资源也会同步给广元市的城区学校使用，整个农村教育呈现出良好的生态。

广元市利州区还成立了“微型学校发展联盟”。范家小学校长张平原的一个观点我很赞同。他说，农村学校的资源和条件，从某个角度来说是最适合搞教育的。教育是“农业”，是慢工出细活。在农村学校，老师带孩子去秋游，感受农耕文化和山歌、民俗这些非物质文化遗产，让这些文化遗产在乡村学校得到传承、保护。而城市学校没这种土壤和条件。

小而美、小而优，绝不是空话，而是在广元得到了生动的实践，推动了区域教育优质均衡发展，补齐了农村学校的短板，让乡村学校与城市学校的教育齐头并进，让老百姓在家门口就能享受到公平而有质量的教育。

提供更加丰富的优质教育

改革开放40年来，广元市始终坚持教育优先发展战略，全面深化教育综合改革，教育事业得到长足发展。特别是党的十八大以来，广元市以深化改革为动力，以办人民满意教育为宗旨，以提高教育质量为主线，实现了更高水平的普及教育，提供了更加丰富的优质教育，全市教育事业迈上了崭新的台阶。

改革开放以来，全市教育投入优先保障，教育资源优先配置。特别是十八大以来，全市教育投入持续迈上新台阶，历年财政性教育经费占GDP的比例均超过4%。1978年，广元市教育经费投入仅为0.14亿元，2017年达到了

56.61亿元，同比增长8.7 %，是40年前年均投入的404.4倍。

教育投入保障有力，教育事业得到了极大发展，各级各类学校办学条件得到根本改善，校容校貌发生天翻地覆的变化。十八大以来，广元市新建、改建校舍435.71万平方米，新增教育设施设备583.36万台（件、套），新建农村教师周转房5764套。

学前教育由小到大。1978年，广元市仅有2所小规模的公办幼儿园，其余全部为乡镇和队办幼儿园。目前，全市有公办幼儿园300所，其中有省级示范幼儿园10所，市三星级以上幼儿园25所，认定首批民办普惠性幼儿园172所。全市学前教育三年毛入园率达到86%，高于全省平均水平。

义务教育均衡发展。1984年，广元市开展了普及小学教育（普初）工作。1988年，全市“普初”合格达标。1993年起，我们开展普及九年义务教育（普九）工作，掀起了轰轰烈烈推倒农村学校“土围子”工程的浪潮。2011年，各县区相继达到国家“两基”合格标准。2012年，全市重抓义务教育均衡发展，全面改善城乡学校办学条件，优化教师队伍结构，着力提升办学效益。2017年，我们创建市级“美丽乡村学校”34所，农村学校办学水平显著提升。2018年，各县区全部通过国家义务教育均衡发展督导评估验收，全市基础教育发展掀开新的一页。

高中教育优质发展。据统计，1985年我市仅有完全中学8所（含厂矿中学4所），在校高中生5231人。经过近40年的发展，全市现有普通高中26所，在校学生5.4万人。其中，省级示范高中8所，市级示范高中9所。党的十八大以来，我们相继引进广元天立国际学校、川师大万达中学、苍溪天立学校、旺苍博骏公学等一批优质高端民办学校，为社会群众提供了更加丰富多元的优质教育资源。

职业教育由弱到强。1978年前后，广元市的职业教育以“半工半读、半农半读”的农业中学为主，在校学生不足2000人。党的十八大以来，我们紧紧抓住国家大力推进“职教攻坚”的机遇，深化校企合作、产教融合，积极向市场开放，职业院校与吉利集团、天坤集团、北方教育集团等180余家大中型企业开展校企合作。积极融入地方产业、行业，创建了“广元人家”餐饮培训中心和广元蔬菜研究院，建立了猕猴桃、米仓山茶、朝天核桃、剑门豆腐、青川山珍等7个产业研究院。广元市现有国家级重点职中6所，国家中职示范学校3所，中职教育综合水平居全省前列。

高等教育从无到有。1978年，广元市无一所高等院校。1994年，我们在四川广播电视大学广元分校基础上创建了广元广播电视大学。2004年，建成四川信息职业技术学院，成为我市第一所全日制大专院校。2012年，广元市人民政府在原广元师范学校基础上建成的川北幼儿师范高等专科学校，成为我市第一所地方高校。2016年，川北幼专顺利通过教育部人才培养评估验收。2018年，我市成功创建川核工业职业技术学院。全市现有高校4所，在校学生2.4万人。四川信息职业技术学院于2016年成功创建为省级高职示范院校，并招收留学生119名。

从四个方面着力改进乡村教育

40年改革开放，40年沧桑巨变。今后，广元教育将以党的十九大精神为指导，坚定不移地走改革开放之路，大力发展优质教育，奋力建设川陕甘结合部区域领先、全省知名的教育高地。

在我看来，未来的乡村教育，需要从以下四个方面着力改进。

第一是要更加注重布局调整。学校的布点布局，从改革开放到现在提了40年，仍然在探索中，还没有达到科学的理想的状态。布局调整不等同于撤销校点，有时候是收缩，有时候也需要扩张。一个乡镇没有一所学校，基本公共服务就不到位，孩子们上学路途遥远，这增加了老百姓的负担。所以，我们要科学地布点布局，让农村孩子在家门口就能够享受公平而有质量的教育，让老百姓享受到改革的红利。

第二是要大力改善设施设备。经过这40年改革开放，包括灾后重建，农村学校的设施设备已经有了很大的变化。但我们现在面临的任务是要办现代教育，办优质教育，因此还要有新的更高的标准。不久前，省教育厅出台了乡村学校的基本办学标准，我们将按着这个标准抓好落实。同时，我们大力发展教育信息化，让信息化在乡村学校得到落实、得到充分应用。乡村学校插上了信息化的“翅膀”，就可以跟城区学校在教学、教研等各方面互动，有效弥补农村学校的短板。

第三是要加强经费保障。以前，城乡学校都是按照学生人数来拨款。城市学校学生动辄上千人甚至几千人，而农村学校只有几百人甚至几十人。这样的拨款制度看起来公平，其实不利于农村学校的发展。以后，我们要逐步改变这种教育经费的分配模式。前期我们已经出台文件，规定“农村小规模学校的办学经费不低于20万元”，这样就能保证小规模学校优质发展。

第四是要在师资队伍上下功夫。现在，农村学校越来越漂亮，但师资力量还不足。让优秀的老师、年轻的老师留下来，特别是心甘情愿地留下来，前提是要给他们一个专业上的发展前景。一位教师到了农村学校后，光是日出而作日落而息的辛勤工作是不够的，还需要有专业上的成长和教育教学上的业绩。所以，我们一方面要提高乡村教师的待遇，提升他们的职业成就感；另一方面也要对乡村教师提出更加严格的要求，帮助他们提高业务水平。

09.

从"跳龙门"到"雁归来"

黎　明

讲述：南充市教育和体育局局长

采访：赵　敏　葛仁鑫

我是20世纪70年代初出生的。改革开放40年，我是一个见证者，也是亲历者。尤其是对农村教育的发展变化，我有着很深的感受。

从个人的成长经历来看，我就是农村教育发展的千万受益者之一，我见证了它的不断进步、变化。工作后，我有幸与教育一直结缘。在岗位上，我也希望做农村教育新一轮发展的推动者，真正实现让孩子们从"有学上"到"上好学"，让公平而有质量的教育真正落实落地、开花结果。

当教师"跳龙门"，一代农村娃的命运拐点

我是土生土长的南充人，小时候在家乡山村上小学。学校在一个寺庙里，名叫五通庙。我读小学时，正好是改革开放之初。那会儿，学校里用的都是石凳子、石桌子，条件特别差。

村子里，有4个和我同龄的同学一起上学，家中条件都不好。我们每天要走七八里路才能到学校，早上去中午回，下午去晚上再回，往返四趟，但从来没有觉得累。

我印象很深的是，有一天下午，大风大雨突然袭来，我们4个小孩待在破庙中等待家长。等了很久，终于隔壁家的婆婆来接我们了。当时已是深秋，有两位伙伴没有穿鞋，天下着雨，地面泥泞，很滑。婆婆找来稻草，在我们每个人的脚上绑两圈，防止摔倒。但是，我们四个人手挽着手，在下坡的时候还是没有站稳，一起摔了下去。

虽然那时学习条件差，但我们很快乐。老师经常给我们讲故事。学生对老师的尊敬是发自内心的。我记得那时候，黑板上写着一行大字：奔向2000年。光阴荏苒，时间过得太快，现在，2000年都已经过去19年了。

初中我也是在这个小山村读的。中午不回家，我就在学校蒸饭吃，吃完饭，把课桌拼在一起当床，就睡在上面。

中学后，我很幸运地考上了广安中等师范学校，“跳龙门”了。那时候我就想当老师，觉得这个职业真好。我家门口有一条大路，经常有老师学生从门前经过。我妈就跟我讲：“你要认真学习，你看当老师多好，晴天不晒太阳，雨天不淋雨。”所以，从那时起，老师在我心目中就是一盏指引方向的明灯，一种向上的原始追求。

中师毕业后，我获得了一个保送大学的机会，就这样到了四川师范学院（现西华师范大学）就读，毕业后留在了学校任教。2001年，我离开学校到营山县任副县长。最开始，我就是分管教育，跑遍了56个乡镇，几乎所有的村都去过。后来我在多个岗位历练，这些岗位或多或少都与教育有关。最后，我又成为教育局局长，回到最初的教育人身份。

教育投入超5%，农村教育有了大变化

南充是人口大市，在四川排第二位，有760多万人，教育需求总量大。不过，南充又处于秦巴山连片贫困地带，9个区县中有7个贫困县，基础条件差。

通过几轮的脱贫攻坚行动，包括薄弱学校改造、标准化建设等工程，近10年来，南充农村教育发生了明显的变化。这种变化，总结起来说就是“三

个好”：建好农村学校，带好农村教师，教好农村学生。

为更好地推进农村教育全面协调可持续发展，我们在2016年出台了《南充市农村教育支持计划（2016—2020年）》，2017年又制定了《南充市统筹推进县域内城乡义务教育一体化改革发展实施方案》。这两个文件结合了南充农村教育的实际，是一个立足当下、着眼长远的设计。

市委、市政府对教育非常重视。市委书记宋朝华同志提出：党以重教为先，政以兴教为本，师以从教为乐。光是2017年，南充教育就投入了99.7亿，当年全市GDP总量是1828亿，教育投入实际超过了5%。市委、市政府严格执行三个优先：在资金安排方面优先保障教育；在土地供给方面优先保障教育；在所有的事业发展的规范规划方面优先保证教育规划落实问题。

改革开放40年来，农村学校基础设施发生了天翻地覆的变化。农村学前教育从无到有，中小学校舍从土坯房到现在宽敞明亮的标准校舍，学生寝室从以前是十几个人一间寝室一张通铺到现在的一人一张床，等等。这些都是看得见、感受得到的农村教育变化。现在农村校园面貌焕然一新。

倾力筑巢“雁归来”，在乡村学校做幸福教师

教师是农村教育的主心骨。带好农村老师，我们主要以解决三个问题为导向：农村教师怎么来、怎么留、怎么教？然后我们要各个击破，不断创新和完善教师补充、培训和管理机制，通过公开考聘农村教师、实施教师“特岗”计划和部属、省属“免费师范生”计划等，吸引优秀高校毕业生和志愿者到农村学校任教，解决怎么来的问题；通过提高教师待遇、建立荣誉制度、保障教师住房等措施，解决怎么留的问题；坚持树师德、提师艺、练师能，解决怎么教的问题。

2008年，南充市委、市政府出台了《全市农村乡镇学校教师周转房建设方案》，为农村教师修建周转房，在全省开了先河。10年间，我们已累计投入资金3.8亿元，建成农村教师周转房8336套，逐步解决了农村教师的后顾之忧。

随着社会的发展，老师的需求也发生了变化。我们在走访学校时发现，老师的周转房里经常都是空的。现在南充每个区县都通高速，村村都通水泥路，交通改善。而且现在大家经济条件也不一样了，很多年轻人到乡村学校后，在父母的支持下可以买一辆车。这样，他周一到周五可以在学校，周末就回城里了。农村的三室一厅或两室一厅对他来说，实际效用不大。

近两年，我们根据实际情况提供了另一种方案，对新进教师一次性给3万元安家费，可以用来租房。这个改变是从科学规划的角度做出的，对提高农村教师的生活质量有实际作用，受到老师们的欢迎。

在这么多年的教育工作中，最让我感动的是我们的农村教师。仪陇县光华乡有一对夫妻教师，丈夫叫张光才，妻子叫刘素银，扎根在山村里，教了几十年书。

有一次，我到学校问他："张老师，一辈子在农村教书，你感到遗憾不？"

他说："我不遗憾，我很幸福。"

我就盯着他，问："你长期待在山村学校里面，怎么会感到幸福呢？"

然后，他告诉我，每到逢年过节，有很多学生给他打电话、发短信问候他。学生从外地回乡，都要专门去看望他。他觉得这些学生就像自己的孩子一样，这是他的第一重幸福。他还有第二重幸福，他的孩子很成才，有的还考上了重点大学。

所以，我觉得老师一方面是热爱教育、奉献教育的，但另一方面也是希望能幸福地生活的。

现在很多新进的教师是"90后"，他们扎根山区学校，而且发自内心地热爱自己的职业和生活。

我到南部县建兴小学，学校有几位年轻教师，其中还有重点大学毕业的，但在这个地方教书已经五年了。他们对我说，刚开始不太习惯，尤其是看到有些同学在别的行业已经干出了成绩，心里不是滋味。但教育是个慢活路，要出成绩，时间周期会比较长。老师在小学里教五六年，送走了一批毕业生。学生还在读初中，这种成就感不能很快看出来。但从事这个工作，让他们觉得很有意义。

农村老师很多都是农村孩子，后来到外边读书，像归雁一般，从农村出发，飞得很高很远，最后又回归农村，反哺教育，充满热情与爱心。这是我非常乐于看到的一个现象。

扶贫上门“大走访”，让每位困难学生读好书

我们高度重视农村孩子的健康成长，将其作为实施教育公平的重要举措来抓，保入学、管生活、帮学习，保障农村学生更好地接受教育。

我们制定了《南充市脱贫攻坚教育与就业专项实施方案》，从学前教育、义务教育到大学整个学段全面覆盖助学。2015年至2017年，共免除5.4万名建档立卡幼儿保教费，免除29.3万名建档立卡义务教育学生学费、书本费，免除4.5万名建档立卡普高学生学费，向1.2万名建档立卡中职学生发放助学金2500余万元，向1.6万名建档立卡大学生发放资助金5100余万元。

为了让农村学生更好地接受教育，我们在全市推广“123”工作法。对每名建档立卡贫困学生落实1名教师结对，每月2次心理疏导、学习辅导，每学期3次家访。中小学教师与建档立卡贫困学生结成“一对一”帮扶对子，开展“大走访”，主动“上门扶贫”，将教育扶贫政策、学生资助政策送进千家万户，筑牢家校共育的链条，增强贫困群众造血功能和自我发展能力。

现在，南充全市有残疾儿童近5000人，这是一个很庞大的数字。南部县特殊教育学校有50多位陪读家长，学校添置了50余人的陪读桌椅，开放办

公室空调让家长避暑御寒，食堂让家长优先打饭。家长们也积极配合学校工作，争先打扫教室，爱护校园花草。

蓬安县特殊教育学校的刘太荣老师50多岁了。他根据残障儿童对音乐的偏爱，收集整理了近百首儿童歌曲，教学过程中经常运用音乐游戏法。他常常利用周末时间，为重度脑瘫学生送教上门，自费为送教学生购买学习用品、小食品。在教育中，我们的老师真是把一颗心捧给了学生。

10.

教育改革永远在路上

王志坚

讲述：成都市第七中学原校长
采访：胥　茜

40年，放在历史长河中很短，但对一个人的一生来说却是很长的时光。我于1982年大学毕业成为成都市第十二中学的一名教师，1990年参与学校管理工作，1991年担任该校校长，1998年成为成都市第七中学的校长，2009年从成都七中党委书记岗位退休。直到今天，我仍是一名教育行者。

改革开放40年间，我从一名受教育者变成一名施教者，最终成为一名教育管理者、思考者。这40年里，中国教育从理念、目标、思想、体系以及培养方式上都发生了巨大的改变，教师、学生、家长和社会也都经历了迭代变化。

漫长的经历中充满着各种不确定性，但对亲历者来说，一幕一幕却仿如昨天。值此改革开放40周年之际，我仅撷取40年间不可忘怀的点滴故事，讲述自己亲历的成都中学教育改革。

加强管理，让学校回归正轨

成为一名教育工作者也许有偶然的因素，但一旦进入这个领域，也就进入了人生旅程的高点。教育人往往会对自身提出高于自己和时代的要求。有准备者，方可为师。

作为一名带薪学员，我到西南师范大学生物系读书时已经29岁了。结婚、参加高考、成为一名大学生，1978年对我来说是极其难忘的一年。

在大学里，我度过了对学习如饥似渴、激情燃烧的四年：图书馆占位子、听大课、疯狂读外语……我所在的班级，同学中年纪最大的31岁，最小的只有16岁。那个时代的最大特征就是重效率，那时常说的一句口号就是“把原来耽误的时间赶回来”，所有人都希望尽快成长起来，找到自己、找到方向。

1982年，我被分配到成都十二中，这是一所靠近四川大学、地处成都市中心的中学。进校后，给我留下深刻印象的第一件事就是学校的秋季运动会。整个运动会，师生全员、全程参与，活动热烈、隆重，这一切显示了基础教育全面提高教育质量、加强教育管理的时代特征，即“学校教育回归全面育人和学生的全面发展”。看到学校对体育的重视，看到教育方针正在真正得以实现，老师们非常激动，也备感压力。

第二件令我印象深刻的事情是课改活动日。活动日当天，全校的课堂对外开放，各校派出的教师和本校教师都可以直接进入课堂听课。我被这种方式震撼了，兴奋地听了不少课，不仅听生物课，也听其他学科的课。“以教学为中心，课堂是主场”，规范的学习讨论成为教学教研的日常生态，苏霍姆林斯基、赞可夫、布鲁姆这些大师级的教育家也由此进入我们这批年轻教师的视野。改革课堂教学、提高教学质量，成为当时学校教育发展的主题。

1984年，我作为成都十二中的代表，成为成都市生物教研中心组的成员，开始系统从事教研工作，从实际中研究现状、找出问题、找到办法，向理论学习，向实践学习。

当时，成都市的教育研究工作主要有三大任务：一是以提高课堂教学效益为中心的教学研究制度化、常态化，在总结教研活动经验的基础上出台“课堂教学常规”，指导中小学教学工作；二是普及教育科学理论，开展学科单项以及教育综合的整体的改革实验，成立教育科学规划办，加强规划与指导，促进学校和地区办学水平的提升；三是通过学习、培训和实践，造就一支热心于教改探索的骨干队伍，以引导和带动各学校和地区的教学改革发展。

经过近十年时间，成都市的教育教研水平得到了极大的提高。从20世纪80年代初的“能教书”，到80年代中后期的“会教书”，再到90年代的“教好书”，成都市教育科学研究所（现成都市教育科学研究院）摸索出的教师成长“三出大戏”，成就了一大批有着强烈使命感与责任感的年轻教师。

我国基础教育的改革发展催生和促进了教师的成长，这是时代的召唤。谁更努力地改变，谁就更有可能获得时代的青睐。这最初的10年里，我从青年教师、班主任，成长为教导处副主任、德育处主任，成长为成都十二中的副校长。

勇于探索，以教育研究推动学校发展

以教育研究指导教育改革，以教育改革提高教学效益，以教学效益的提高推动教育质量的提高，科研兴校是40年来大多数学校发展的基本方向。科研是一种推动实践向上生长的蓬勃力量，从这一点来说它特别适合教育，特别有助于教育人的成长。

经过两次成都市教育干部培训班的学习，作为成都十二中的校长，我于1994年2月底被推荐进入华东师范大学国家教委中学校长培训中心学习，成为第七期学员，并被推选为班长，与清华大学附属中学、黑龙江省哈尔滨市第三中学、上海育才中学的时任校长们一道度过了难忘的学习时光。在交流研究和访问中，校长学员们对不少课题进行了专项探讨，并通过小组合作研究的方式讨论确定了每个人回到学校后的研究方向及方案，我选择的研究方向是心理素质教育。

回到学校，我开始筹备在成都十二中开展学生心理素质教育研究与实践。我首先找到省内的教育专家姚文忠和刘裕权老师进行讨论，后来又专程到母校西南师范大学找到心理学系主任黄希庭教授，讲述在中学进行心理素质教育的必要性及价值意义。黄希庭教授被我的热情深深打动了，他回应了成都十二中的需求，认为此举将为心理学在中国的发展开拓出广阔空间。

1995年，成都十二中首次从西南师范大学选了心理学系毕业生，又从重庆师范学院引进了信息技术学的教师，并开创性地让这批年轻教师先到精神病院进行调研学习。

与此同时，学校启动与原华西医科大学、四川省教育学院的共同研究，并在1996年开发出了心理测量软件……这些跨学科的做法以及对教育现代技术的融合应用，不仅开当时教改教研风气之先，放在现在来看依然是超前的。通过几年的研究与实践，不仅学生的心理素质有所提高，教师也具备了心理素质教育的能力。

1998年，由我主编的《成都十二中心理素质教育研究与实践文集》正式出版。在四年时间里，成都十二中对学生心理问题的研究形成了全方位的实践。从解决学生心理问题到预防学生心理问题，再到全面提升学生心理素

质，归纳总结出六个序列、八大内容的系统工作，这些成果在今天看来仍然具有相当的价值与意义。后来，《中国教育报》和《人民教育》先后对成都十二中的心理素质教育探索进行了专题采访和报道，在全国引发了强烈反响，到学校学习参观的人络绎不绝。

在任何时代，学习都是随时随地可以发生的事情。20世纪80年代向90年代挺进的时期，一批优秀教师上下求索、勇于探究，最终成长为优秀的教育管理者。

改革创新，中学教育走向内涵化品牌化

伴随着21世纪的到来，中国的中学教育也迎来了又一次发展的变革期。来自国外的教育思潮、教育理论与教育实践的冲击，教育自身的裂变与突围，让一线教育管理者与工作者有着一种澎湃的激情和求变的焦虑。

1998年，我正式成为成都七中的校长。成立于1905年的成都七中是四川省首屈一指的中学名校。开展教育研究是成都七中的优良传统，从1953年开始的经验交流会，再到1979年开启的教育讨论会，几十年来不曾中断。成都七中在教育大讨论中追问教育的本质是什么，讨论培养什么样的人，研究怎样培养人。在改革实践的过程中，成都七中陆续形成了“三体”教育思想，即面向全体、全面发展的整体教育，追求差异发展、促进个体人人成才的个性教育，实现学生是学习发展的主体。

面对时代的新变革与新挑战，我紧紧抓住教研教改这条主线，全速推进学校发展。1998年12月，我们召开了“纪念党的十一届三中全会20周年暨成都七中第20届教育研讨会”，主题是“实施‘三体’教育的探索和实践”。

其后，我们持续探讨了“学生主体作用与创新素质培养”“探索现代课堂教学规律”，以及深化课程改革、课堂教学改革和德育实践性研究。

课程改革包括校本课程建设、任选课教材建设、研究性课程的实施、新课程计划及新教材的实施；课堂教学改革包括现代课堂教学的教法学法研

究、现代课堂教学的设计、现代教育技术的应用研究，以及学习心理学与教学心理学的研究；德育研究则包括社会实践的研究与实践、立志成才教育、在学科教学中渗透德育的途径和方法、学生健全人格的培养。

研讨会后，“以人为本，重在发展的‘三体’教育思想”的实施落地在成都七中轰轰烈烈地铺开了。

当改革开放进入第30个年头，发展与改革是绝对的主题词，进一步办好普通中学和扶助薄弱学校，充分发挥名校的资源优势，调动社会办学的积极性，健全教育内部运行机制，跳出传统的教育教学改革，教育在体制与机制上有了量的积淀与质的飞跃，教育已经进入品牌化时代，敢为人先的成都七中率先“试水”。

1997年，成都市教委决定以公办民助的形式，依托成都七中与成都三十五中共同创办“成都七中育才学校”；1999年，成都七中申请成立国际部；2009年，成都七中国际部开始办成国际高中；2000年，成都七中与成都东方闻道科技发展有限公司共同投资兴办了借助现代通信技术的远程直播式高中学历教育学校，即七中网校；2001年7月，成都市教育局批准四川嘉祥实业公司投资1.6亿元兴办的成都树德实验学校与成都七中以公办民助的方式联合办学，成立成都七中嘉祥学校。七中品牌办一个就火一个，“七中现象”为七中在新时代扬名。

我曾经在《七中试验，七中发展新空间》一文中这样写道：“在合作办学、联合治校上，成都七中本着坦诚大气的态度、互助互赢的合作理念、敢于实践创新的精神，取得了许多成功合作的经验。成都七中不仅是一个闪亮夺目的招牌，它的价值还在于它那蕴含于内而又能实实在在发挥于外的深刻而丰富的内涵。”

2005年，成都七中度过了100岁生日。学校对办学思想进行了完整的梳理和深度的思考，明确提出了成都七中新时期的教育理想与追求——让更多的学生能在学校里得到最适宜最充分的发展，让学生成才；让更多的教师能在学校愉快地工作、成功地发展、体面地生活，让教师成功；让学校在不断的探索和努力中继续发展，做教育发展的领跑者，让学校领先。

回首过往，我对自己曾经作为成都教育一段历史的见证人而备感荣幸和自豪，因为我知道从我们步入学校的那一天开始，身上就肩负起了一种责任与使命，为这座城市，为这个国家，为我们的时代。改变从来不会自动发生，那一定是现在的人和过去的人共同努力的结果，有多少荣光就有多少磨砺，有多少成功就曾经历多少困惑。教育要培养的是走向未来的人，教育改革永远在路上。

11.

民办教育天翻地覆慨而慷

杨　伟

讲述：乐山外国语学校原校长

采访：李益众　赵　敏

在我国教育史上，有两个时间节点和两个重大事件注定将永远载入史册。第一个是1977年，恢复高考。第二个是2002年，国务院颁发《中华人民共和国民办教育促进法》。前者拨乱反正，客观上催生了伟大的改革开放；后者锦上添花，突破教育体制禁区，使我国教育逐渐与西方接轨，为满足中国老百姓对优质教育的需求提供了多样化的解决方案。

我很荣幸，我既是“拨乱反正”的受益者，又是“锦上添花”的参与者。

一张白纸上画出最美的图画

1982年初春，我从西南师范学院（现西南大学）毕业，分配到一所工厂子弟校。1999年，我被调入乐山一中。

2002年，乐山市一家涉外企业的国外高管因为乐山没有高水平的外国语学校解决儿子的读书问题，没能够来乐山上任，时任省长十分关心此事。紧接着，乐山市教育局主要领导到乐山一中向学校领导班子成员宣布，为配合改革发展需要，促进区域经济发展，乐山市要创办一所全新体制的高起点民办学校。于是，我受命创建民办性质的乐山一中外国语实验学校。

招聘老师的过程轰轰烈烈，签约者寥若晨星；租借校舍，寄人篱下；录取新生，学校门可罗雀……万事开头难，我没有退却。有领导们积极支持，我很有底气地做应聘老师的工作，慷慨激昂地对学生家长宣传。的确，我们的学校很年轻。的确，我们暂时没有傲人的教学业绩。但我们拥有全新的教育机制，我们拥有开创新时代教育的担当。一张白纸没有负担，我们可以画出最美的图画！我们有信心、有能力把她办成老百姓满意的一流学校。

开学时，学校到职21名教职员工，招入221名初一学生。我对所有教职员工讲："星星之火可以燎原，虽然航船起航艰难，但我们一定能够乘风破浪，圆满到达胜利的彼岸。"

当年，乐山市教科所组织全市初中名校校长开会。我在大会上介绍了新学校，并毫不隐讳地提出："三年后中考争创全市第一！"台下听众窃窃私语并发出了笑声。我听懂校长们不同笑声的含义，但我义无反顾，不给自己留后路。狭路相逢勇者胜，这是民办学校生存和发展必须具备的胆识和勇气。

2002年12月18日，《中华人民共和国民办教育促进法》出台。随后，全国民办学校的开办风起云涌。

乐山市本土明星企业回报社会、反哺教育，承诺2004年新建一所高标准的学校。企业家如期兑现承诺，学校建设顺利推进。2005年，经市教育局批准，乐山一中外国语实验学校更名为乐山外国语学校。在这一年的夏天，学校按办学许可启动了高中学历教育。

尽管乐山外国语学校第一届高中只招收了137名学生，但还是动了公办重点学校的"奶酪"，一场风暴随之而来。

我非常理解同行们的举动，毕竟民办教育是新生事物，认识理解还需要一个过程；毕竟民办学校招生，就意味着公办学校生源减少。同时，有强劲竞争力的对手出现，势必打破公办重点学校一家独大的局面。如果我是公办学校的校长，可能也会如此考虑。

关键时刻，乐山市教育局主管领导和分管领导旗帜鲜明地表态：公办民办，一碗水端平，生源不能够搞垄断。

打铁还须自身硬。自身不具备影响力，得不到学生和家长的认可，学校仍无立足之地。乐山外国语学校勇于创新、扎实探索，在2005年首届中考和2007年首届高考中完美亮相，分别夺得乐山市初中教学质量考核总分第一名和乐山市高中教育质量考核第一名。

好的开端为学校后续发展奠定了坚实基础。乐山市教育科学研究所开展教学质量考核，乐山外国语学校14次获得乐山市初中教学质量一等奖；乐山市教育局开展高中教育质量综合评估，乐山外国语学校12次荣获高中教育教学质量一等奖。

是什么原因让一所民办学校蓬勃发展？根本上是党和政府的政策好，各级领导站在我国教育发展的高度，积极支持民办教育；投资主体坚定不移地给予经费投入，激励学校造福桑梓，办出特色，办出品牌，办出魅力。

综合素质高的孩子文化成绩绝不会差

当然，乐山外国语学校的办学特色，与乐山外国语学校的办学理念关系密切。我们的办学理念是：关注每一名学生的终身发展，培养每一名学生成为具有传统文化根基和国际视野的中国人。

办学理念的关键词是“每一名学生”，我们的老师绝不会放弃任何一名学生，即便文化成绩暂时落后，即便综合素质并不优秀。

关注“终身发展”，即不让应试教育成为学校办学主流。民办学校生存之本是要有很好的教学质量，但是如果我们只关注和强调分数，学生就可能仅仅在人生的一个阶段优秀，很难一生都优秀。显而易见，这是对学生终身发展不负责任。

乐山外国语学校建校之初，我就对学生培养目标提出16个字：健全心智、强健体魄、锲而不舍、追求卓越。每周的升旗仪式，学生都会面对国旗庄严宣誓，让育人目标深深镌刻在每一名乐外人心间。

我提的第一句话，不是说的文化成绩，而是心智；第二句话，也不是说文化成绩，而是体魄。第三句“锲而不舍”我们才说文化成绩。心智健全了，身体健康了，学有目标，学有动力，再具有锲而不舍的奋斗精神，学习效果自然事半功倍。乐山外国语学校很看重学生的综合素质，学生如果达到了前三句话要求，并且一生追求卓越，就水到渠成了。

乐山外国语学校重视学生健康成长，注重学生综合素质提高，为他们终身发展奠基，而不单纯抓分数。有人评价我们是“无心插柳柳成荫”，其实我们是“有心插柳”。

2008年，国防科技大学老师来招生宣讲，在我们一个班就录取了4名学生。他们说，“乐山外国语学校的学生眼镜少（一个理科班，他们只看到2名戴眼镜的男孩，让他们大为惊讶），素质高，了不起……”

我始终认为，综合素质高的孩子文化成绩绝不会差，思想品德和行为习惯好，体质健康，思维敏捷，学习专注，目标远大，孩子们想不优秀都难。

重视非智力因素，最大化挖掘学生潜力

很多人问我：作为民办学校，不刻意追求教学质量，办学是否有危机？

我个人认为，努力追求学生全面发展和终身发展，与追求教学质量并不矛盾。我们不让学生死读书，在中学阶段注重学生“个性发展”，对学生培养既有规定动作，又有自选动作。

2017年，教育部等16个部委联合发文，要求全国中小学推行课外游学。我们学校早在五年前就已经推行社会实践活动，倡导“读万卷书，行万里路”，把游学正式列入六个年级的教学序列。实践证明，我们的学生中考、高考都很棒，并且进入大学以后发展潜力很大，深受高校青睐。

2016年，乐山市高中教育工作会，市教育局领导指定三位校长发言。我的题目是《工夫在诗外》。抓高考，课堂是主阵地，必须穷尽全力。课堂以外，学生的非智力因素应该得到高度重视，学生生活和学习方方面面的细节做好了，可以让学生的潜力发展最大化，让学生学业成绩蒸蒸日上。反之，一天到晚都把学生关在教室里面，不停地练习，有可能会让孩子在短期内提高分数，但是对他们的终身发展弊多利少。

有一个从峨边彝族自治县来的孩子（小张），小升初进乐山外国语学校时，成绩并不突出。但是，他进入乐山外国语学校后，发展得很好。2009年，他考上南京大学气象类专业。在大学里他在众多优秀学生中出类拔萃，南京大学保送他硕博连读。

2015年年底，世界气象学会在美国召开年会，全球该领域的学界大佬与会。学会只挑选四个人上台发言：第一个是美国航天局的资深研究员；第二个是哈佛大学的著名教授；第三个是小张；第四个是牛津大学的著名教授。学会特别授予小张世界最优秀的年轻学者称号，当天我看到现场录像和获奖证书，激动得热泪盈眶……

其实，每个人的内在潜力都是很大的，而许多人的潜力并未得到有效发掘。据有关专家研究，绝大多数人记忆力能够用到的不足20%，创造力亦如

此。学校教育的责任，就是要最大限度地激发学生求知欲望，鼓励学生勇于质疑，培养学生创新精神。

我校曾有一名来自马边彝族自治县的学生，叫小琪。她升初中时，排在年级300多名。2014年高考，她成为新中国成立以来小凉山地区第一位不需少数民族政策加分而考入北京大学的学生。

有人问我，你们培养的这么多优秀学生，城里的不说了，还有农村的，还有偏远地区少数民族的，而且到了大学之后，还那么出色，你们是怎么做到的？

我回答说，首要的是帮助学生树立远大目标，按教育教学规律办事，种瓜得瓜、种豆得豆。胸中没有远大目标，学生要做到持之以恒地学习很难，成人都还想轻松想玩耍，学生毕竟是孩子，自制力和专注力还要差一些。我们着力培养学生具有传统文化底蕴和国际视野，激励学生树立远大的奋斗目标。只有远大目标根植心田，才能每日三省吾身，才能谈得上持之以恒，锲而不舍。

伟大哲学家苏格拉底曾说过："教育不是灌输，而是点燃火焰。"所以，我们学校绝不会填鸭式地培养学生，我们要求教师学会有效地点燃学生的激情，激发学生的潜能。

伴随着改革开放的号角，强势发展、更上层楼

我们处在一个很好的时代，民族的伟大复兴，从教育可以"一叶而知春秋"。改革开放前，中国的教育经费不到全国国民生产总值的2%，如今已经实实在在超过4%；1977年，四川省（含重庆市）高考录取大学生2万人，录取率不到5%；2018年，四川省高考录取大学生51.95万人，录取率为83.34%。

2002年之前，我国教育基本是公立教育。据2017年教育部发布的全国教育事业发展统计公报，全国共计有各级各类民办学校17.76万所，占全国比重34.57%，招生已经达到1721.86万人，各级各类教育在校生达5120.47万人。

乐山市的民办中学不仅有中心城区的乐山外国语学校、乐山市更生学校、乐山海棠中学、乐山市艺术实验学校，峨眉山市、犍为县、夹江县等也办有规模较大的民办学校。在改革开放的和煦春风中，中国民办教育真是天翻地覆慨而慷！

2018年，四川省出台了《四川省人民政府关于鼓励社会力量兴办教育促进民办教育健康发展的实施意见》。该文件是在“规范”，更是在“鼓励”。

2018年10月24日，习近平总书记向全世界宣示：“中国改革开放永不停步！下一个40年的中国，定当有让世界刮目相看的新成就！”

乐山外国语学校将与其他优秀民办学校一起，伴随着改革开放的号角，强势发展、更上一层楼。我国的民办教育将会奏响更为高亢的动人旋律！

12.

教育是一场道与术的修行

刘亚春

讲述：北川中学校长
采访：殷樱

冬日，一片金黄，银杏在阳光下格外绚烂。走在校园，一花一木，一师一生，总能唤起我的种种回忆。改革开放40年，我通过教育改变了命运，从一线教师到北川中学的校长，一直战斗在教育一线，一路为学校建设而奔波。经历过苦难，经历过蜕变，在“道”与“术”的教育修行中，我一直在不断地摸索和前行。

习总书记引用过“得其大者可以兼其小”这句话，我想这句话放在教育管理上也同样适合。“大”不是指升学分数，而是指学生的培养方向；“小”是指课堂怎么教、学生怎么学、考什么内容。这是“道”与“术”的关系，立德树人是“道”，教书育人的具体工作是“术”，只有把“道”与“术”结合，才能真正完成教书育人的目标。

教育改革的经历者：如果不恢复高考，人生或许走向他方

1977年，我在读小学4年级，父亲是学校高中部的老师。1977年恢复高考，父亲那一辈人非常高兴，把全公社最好的学生招到一个班集体学习，备

战高考。学生们学习热情高涨，父亲的学生常常跑到我家来借书，学生和家长们开始重视文化学习，农村的孩子们都想通过读书走出大山。那个时候读书的条件非常艰苦，寒冬腊月，为了多点时间学习，长以寒风为伴，挑灯夜读。

父亲常以他的学生为例，鼓励我好好学习。通过努力学习，1981年，我以全县第一名的成绩考进了绵阳市安县一所师范学院（“安县”现为“安州区”）。那个时候读师范学院，一个月有32斤粮食、15元生活费、1元助学费，很多人都羡慕师范生。每当想到这里，我都要感谢当年恢复高考，让我走上了教育这条路，不然，我的人生也许会走向另外的方向。

1984年，我毕业后在北川县一所乡镇学校教书，印象最深的是每年经常要下乡动员适龄的学生读书。学校条件不好，学生们天气冷了不来，热了也不来，家里困难的，孩子直接在家干农活，学生流失非常严重。直到1986年《中华人民共和国义务教育法》颁布后，用法律来保障孩子读书的问题，家长的意识才开始转变。慢慢地，大家就知道，“娃儿不读书不得行！”

虽然已经开始当老师了，但我还是觉得自己的知识储备不够。为了提升自己的学科知识和教学水平，我又去南充师范学院读了函授物理本科。1996年，我来到北川中学教书。

那时候的北川中学，条件差，招生少，一年专科上线只有几个人。1999年高考招生规模扩大之后，我教的两个班上线了40多人，这个跟招生规模扩大有关系，也跟师生的付出有关系。当时我当班主任，每年也负责招生，要招个学生非常不容易。有家长曾说："如果不能读刘亚春老师的班，我们就去绵阳中学读。"这一方面让我觉得很有成就感，另一方面让我深深体会到教育资源分布不均匀的苦楚。

教育的参与者：浴火重生后，重构教学生态

对于北川中学，2008年那场地震是抹不去的伤痛，也彻底改变了学校的命运。对于我，亦是。

汶川地震中，北川中学遭受重创。地震后，在长虹公司爱心校园异地办学818天后，学校踏上"三年恢复、六年提升、九年跨越"的新征程。由中国侨联援建的新校园于2010年9月1日落成投入使用，北川师生从此开启了新生活。

校园重建后，有了一流的硬件设施和校园环境，我们开始思考如何推动学校内涵式发展，重构新的教学生态：用素质教育思想引领师生回归教育本真。

我深知：教学质量是学校的生命线。2013年，学校与绵阳中学合作办学开办北川中学绵中班，满足本地学生在家门口接受优质教育的需求。随后，学校邀请北京师范大学附属中学的教学名师乔荣凝担任北川中学教学总监，打造学思课堂，不再过分强调考试和分数，让学生真正成为课堂的主人。同时，学校又在绵阳市率先试点实施了"分层走班"制，根据不同层次学生的情况，有针对性地设计教学内容和作业。

“没有教不好的老师，只要他自己想教好；没有学不好的学生，只要他自己想学好。”这是我们的治校格言。地震给北川中学的师生上了一堂生命教育课，学校在地震后定下一条“铁规”：“决不开除一个学生！”不开除学生不等于松散的教学氛围，老师要用内心情感去感化学生。只有老师真正尊重学生，学生才会发自内心地改变。

北川中学在地震后受到社会各界的关爱与支持，感恩教育在学校具有特别的意义。学校长期开展“假日爱心护苗”“孝亲敬老实践”“志愿者社区教育实践”等活动，在师生的日常生活中渗透感恩教育。

一些学生以为来学校就是为了考大学，考大学就是为了找工作，而忽略了学习与社会、家庭、国家之间的关联。学校的职责除了抓教学，还要从学生的行为习惯、思维方式、人生观、价值观方面去正确引导。不能只盯分数，而忘了立德树人的根本任务。真正的教育应该回归教育本真，回归以人为本，回归课堂教学的实践与创新。

教育改革的见证者：教育迈入更加规范化的轨道

在学校教育的改革中，我是参与者；在国家教育的改革中，我是见证者。

在我看来，改革开放40年，教育的发展分了几个阶段：20世纪80年代是拨乱反正，知识开始变得很吃香，大家就信这句话——“学好数理化，走遍天下都不怕”；20世纪90年代，出现市场经济的影子；到20世纪90年代末期，出现了教育产业化；到了2010年，《国家中长期教育改革和发展规划纲要（2010—2020年）》的实施，终于把大家迷迷糊糊、“各自为政”做教育，规范到一条路上来了。

对北川中学而言，影响最深的政策便是高考专项计划。专项计划使我们学校的升学结构发生了很大的变化，学校高考上线人数在区域内排前几名。老师的事业感和成就感，学生和家长对学校的归属感和认同感，都有了大幅度提高。

在管理学校这十几年，最开始，我们很想抓成绩，但现实困难重重，矛盾重重。后来学校调整了战略，把抓文化、抓理念、抓人心凝聚放在第一位，治校反而轻松了很多。比如，一年中我都不会在老师当中处理一件涉及人际关系的矛盾。

党的十九大之后，中央对教育规范化管理得更细，教育也朝着深化改革的方向在推。纵观改革开放40年历程，教育的发展也是十年一个台阶。我想用“改革创新”“与时俱进”“以人为本”三个词来形容教育发展的趋势，特别是“与时俱进”的特点很突出。

这个时代，信息更新太快了。我在关注政策动态的同时也鼓励学生去关注它。学校要求学生晚上7点要准时收看《新闻联播》，了解国内外的时事动态。做学生，不能两耳不闻窗外事，只知道学习。学校的师生，都要做与时俱进的人。

初冬，校园里的柿子树上，红红的柿子像灯笼一样挂满枝头。校园里，书声琅琅，鸟鸣嘤嘤。虽然我已经到了“知天命”的年纪，但在治校上我也想多“尽人事”。

13.

教学改革要有“三气”

姚嗣芳

讲述：成都师范附属小学
采访：刘　磊　胡　敏
　　　葛仁鑫

1981年，15岁的我怀揣着对教育的憧憬，迈进了成都师范学校的大门。学校虽然设施简陋，却竭尽所能设置了丰富多样的课程，让我具备了一名教师的基本功。

那里不仅是一所培养教师的学校，更是塑造教师人格的摇篮。更重要的是，我在成师遇到的老师，个个兼具人格魅力和学术魅力，不仅教给我教师的基本技能，更教给我正确的人生态度和良好的习惯。他们点燃了我教育的激情，更给予我持续前行的力量。

从成师毕业后，我到了成都师范附属小学从事语文教学。刚开始工作的时候，我就尝试创新的教学方法，其中一项就是培养学生的课外阅读习惯。在刚教完拼音之后，我会向学生推荐简单的注音读物，并通过发小红花、发奖票等形式，让学生感受到阅读的快乐；在班级里营造出富有人文气息的阅读环境，让学生感受到教室里充满了浓浓的“书香”和“墨味”；不定期开展“故事比赛”“演讲比赛”“佳作欣赏会”等课外阅读实践活动，及时了解学生的阅读情况；还引导学生家长也参与进来，让家长、孩子共同创建读书手册，共读一本书、交流读书心得，共建和谐的家庭阅读环境……

功夫不负有心人，这样的方法让学生养成了良好的阅读习惯，并得到了家长的认可。但是我知道，是成师附小这所百年名校给了我平台，让我能遇到了这么多优秀的老师，他们帮助我，让我能站在巨人的肩上快速成长！

2003年，组织想调我去当教育局副局长，但经过短暂的思考，我觉得我更愿意留在学校当老师。我尽力去找领导谈，说服领导让我留在学校。有很多人说我“傻”，放着这么好的前途不要；也有人说我思想境界高尚。其实我只是选择了更适合自己的生活，留在一线当老师，面对学生的纯粹而简单的状态，才是我追求的幸福生活。

2001年，当新一轮的课程改革兴起后，我开始尝试实践一些新的改革。但几场小打小闹的改革实践后，我渐渐感到一种可怕的思维枯竭，尤其是当我付出所有的努力，仍然看到课堂上有陪坐者、呆坐者时，我真的迷茫了。

教育不应是一种技巧的施展，课堂不应只是几个优生的舞台，学生也不是老师精彩展示的道具，我们应该关注到每一个孩子！ 因此我在思考：真的有一种课，可以调动起每个孩子的积极性吗？那段时间，我一直处于内疚和无能为力的煎熬中。

直到2009年7月，我在《人民教育》上看到了一组生本教育的报道，华南师范大学教授郭思乐在深圳做的教学改革让我深受启发。

之后，我和同事迫不及待地去深圳考察，观课后的第一感受却是：太完美了！这样的课堂绝对是演出来的！

但后来，听了多节不同学校、不同年级、不同学科的课后，我信服了，相信这些就是真实的课。没想到原来语文课可以这么上，原来小学生可以如此优秀！

于是，我开始了具有成师附小特色的主体学堂的探究之路。最初的改革并不顺利，模仿着别人做，把“秧田式”课堂变成小组式，却发现很多东西“玩不转”，小组合作效率低下，教学设计中难以兼顾语文的学科性和学生的主体性，包括学生课堂活动的安排调控也不佳……

很多老师听了课后纷纷“吐槽”：“这是姚嗣芳的课吗？怎么完全没有语文味？”“既不像思想品德课，又不像语文课，简直是乱七八糟的。”还有人好言相劝：“你不要玩这些高科技了，别晚节不保。”

面对这些质疑，我并没有改变我的决心。我相信我的改变是有利于学生的，我也不在乎曾经的辉煌和面子，我在乎的是能激发出每个学生的潜能，让他们都能在课堂上找到自己的位置。

虚心听取各方的建议后，我渐渐摸到了主体学堂的门道，学生们的变化也给我带来了很多惊喜。一段时间后，学生们在课堂上个个跃跃欲试，人人清晰地表达自己的见解，绝不是表面的热闹，而是真刀真枪、实实在在的。

从2009年至今，我进行了六次课堂变革，每次改革，没有人来告诉我要怎样做。每走一步，都是我自愿的、我喜欢的。我虽然已经到了四十多岁的年纪了，但在这样的不断“折腾”中，发现自己的教学生涯还有这么多惊喜，原来老师的改变，能带给孩子们这么多成长，这种感觉真好。

在我的课堂上，孩子才是主角。老师的教让位于学生的学，留足时间给孩子充分感悟和表达。孩子的心灵是自由的，他们的个性得到了充分的张扬，他们的语言表达得到了充分的发展，从这样的课堂里走出来的孩子，也将获得同样生机勃勃的人生。

以《临别语·人间情》的读写联动课为例，我先帮助学生从多篇临别语的阅读探究中，进一步了解临别语的内容和表达要领，并在读写联动中学写临别语，让孩子们珍惜生活中的美好与感动。

从2009年起，我成为名师工作室的负责人，希望有更多年轻老师能少走弯路，快速获得成长。现在，我们工作室已招收了第四批研修学员，大家都取得了不错的成绩，有些已经是学校的工作骨干了，多位学员的研究课、赛课、论文获奖，其中有些学员已走上了教学管理岗位……

一个工作室的主持人，要让老师们从灵魂深处得到感染和震撼。当他们感受到教育事业带给生命的激荡时，就能真正找到教育的幸福。我的老师也是这样教导我的，教育正是有了这一代代的师道传承，才能培养出更多可堪大用的栋梁之材！

2018年是改革开放40周年，回顾这33年的从教经历特别是近10年的课改探索，我觉得教师就是要成为一个勇于创新的实践者。课堂改革首先要求老师站在道德的高地上，关注每个生命，让每个生命都获得蓬勃发展的原动力；具体到课堂上，就是要让每个孩子感受到存在的价值、成长的力量。

作为一名改革的践行者和受益者，我想对老师们说改革必须要有“三气”：第一，你要愿意改，要有志气；第二，你要敢于改，要有勇气；第三，你要会改，要有底气。课堂改革，首先要从改变教师开始，用教师的改变，带给学生更多的成长。

我们不要害怕改革的孤独，刚开始可能会感到孤单，但慢慢地孤单就会被我们发现的欣喜所代替，继而让我们获得往前行走的更大的力量。

未经改革的课堂，是走常道，常道虽然很顺畅，但会越走越窄；改革的课堂是走险道，刚开始可能胆战心惊，但只要方向对了，就会越走越宽，险道也会变成宽而新的常道。

40

見証篇

01.

我相信，我也是一名最美教师

平昌县思源实验学校　向玉清

改革开放40周年，我国涌现出了无数的最美教师。我相信，我也是最美教师之一。

我生于1970年，曾因教书育人压力大而患抑郁症。1990年3月任教以来，我既教语文又当班主任，所教学科学生学习成效一直名列前茅。

因家访晚归，急坏了家人

中差生（班）的转化，是最考验教师的一项工作。

从教后，我一直坚持“三尺讲台就是我的生命线”。除了认真备课，我每天细致分析学情，在用心上课的同时，耐心观察学生的学习状态，通过恰当的引导，让他们勇于提问，踊跃地举手发言，从而营造生动活泼的学习氛围。

为了真正地让贫困学生、留守学生以及学习成绩和行为习惯较差的学生快速稳妥地转化成优秀学生，我选择了家访这一传统方式，与家长取得联系，共同谋划孩子的成长。

一个瓢泼大雨的晚上，老公像往常一样，做好晚饭等我下班回家。10分钟、20分钟、半个小时、两个小时……一直不见我回来，老公就急了。他怎么打电话，都无法接通。老公到学校四处打听，也是不见人影。

老公既上班又做家务，等我回到家的时候，他已疲惫不堪的进入梦乡。直到我回到家，换衣服时惊醒了他，他才知道：我是因为一个留守儿童小张当天没带雨伞，而且最近学习成绩下降，我找到他的监护人——外公外婆进行了家访。

当时，小张的妈妈在外务工出了事，外公外婆都心急不安。我一边开导老人，一边辅导孩子的功课，耽搁了时间，才导致了晚归。

教师工作“认真”，学生成绩才会“争气”

天有不测风云，人有旦夕祸福。由于工作压力过大，我患上了抑郁症。家人、朋友、同学、同事都曾劝我换一个岗位，说：“你教龄这么长了，为什么不去找领导安排一个轻松的岗位？”

我回答道：“我是老师，老师的天职就是教好孩子。教育，最重要的就是引导孩子做人做事。如果我都这样拈轻怕重，又怎能把孩子们培养好呢？”

小佩的家长向大家解释说：“向玉清老师就借居在我家三楼，我们经常到她家拉家常。平常看到她的病，无不吃惊，一旦抑郁症发作，不想吃、不想喝、不想动，甚至周身无力。尽管这样，我们常常都看到她在认真地批改学生作业。”

当他们问我：“你为什么不找人替你批改作业或隔三差五地批改作业？”我很严肃地告诉他们：“如果我那样做，哪能较好地掌握每个学生的学习状况呢？你们把自己的孩子放在我的班级，你们会放心吗？”

我教的学生，成绩总能在短时间内大幅提升。即使带一个普通的班，孩子们也能争气地考进全校前三名。我想，原因就是“认真”二字。

学生从“要我学”转变成“我要学”，离不开教师在日常生活中做“大姐姐”“好朋友”的行动。我性格外向，不论是与学生还是与领导都能打成一片。教学中，我也讲究团结。

小明比较淘气，常常干扰他人的学习。一次，我对他说：“小明，你可不可以和我交朋友？让我做你的大姐姐，好吗？”我的这一举动，引得全班学生大声哄笑，也拉近了我和小明的心理距离。

当好一名教师，并不是想象中的那么容易

从教以来，我始终不忘初心，深知作为一名教师的最大价值在于为社会培养德智体美劳全面发展的人才。20余年的教学生涯中，我致力于使学生会学、乐学，有上进心，有好品质。学生各方面表现优异，我也就达到了我的教育目标，我的人生价值才得到了彰显。

但是，当好一名教师，并不是想象中的那么容易。

毕业前，我在家乡平昌县大寨乡金龙四垭村实习。教学中，我有过一些失误，有时想起来总觉得十分羞愧。刚毕业那年，我做班主任，新学期开始，我接手一个新班级，望着全班同学，我开始点名，当我大声叫出“王朋”这个名字时，全班爆笑起来。一个女生胆怯地站起来，小声说：“对不起，老师，我的名字是‘王月月’，不是‘王朋’。”我顿时满脸的难堪，生怕学生把这件事情传出去。

2006年，我担任三年级语文教师兼班主任。某天，我接到一个家长的电话，寒暄几句后她要求和自己的儿子说几句话。我赶忙跑到教室，推开门寻找那名学生，却发现他的座位是空的。我站在门口问道：“×××哪去了？他妈的电话！”全班同学立刻爆笑起来。一个学生还大声叫道：“班主任说脏话！”我立刻反应过来，脸红得跟苹果似的。正在上课的数学老师也笑得直喘气，立即帮我解围：“班主任的意思是——他妈妈给他来电话了。”

前段时间，讲完课还有些剩余时间，我便想讲些课外知识。于是，我问：“大家知道‘牛黄’是什么吗？”

学生问：“是‘牛黄解毒丸’中的‘牛黄’吗？”

我说：“对。”

在讨论中或思考中。

我说："'牛黄'是牛肚子里的胆结石，是一种很名贵的中药。最初不能用人工的方法合成，所以很稀有。大家知道后来人们是怎样用人工的方法制成'牛黄'的吗？"

一个学生快速回答说："给它喝'三鹿'奶粉！"

顿时，全班同学爆笑。

学生的一些小笑话，总是让我忍俊不禁，感到格外温馨。当然，有时我也会遇到一些令人哭笑不得的事。刚走上讲台时，因为自己还年轻，做事比较冲动，不论是身为班主任还是科任教师，我都是一副严肃的样子。班会课上，我苦口婆心地讲着各种安全纪律问题。忽然，我听到一个男生笑出了声。我快步走到他的面前，发现他原来在看漫画书。我很生气，不由分说便抢了他的书，还批评了他几句。

我的话音刚落，小男生不慌不忙地站了起来，一脸坏笑地对我说："向老师，我的书你也敢抢？要是在前些年，我早把你打倒在地了。我可是个流氓学生，你看我身上有好几处刀疤呢！"

说完，他还真的还把袖子挽起来，炫耀他的“威风”。全班同学立刻议论纷纷，我也哭笑不得。

以“趣”为先，让学生学得轻松、记得深刻

我一直坚信：教师是太阳底下最光辉的职业。我“光辉”了20多年，充分感受到了教师的苦与乐。

如今，我服从领导的安排，又从事一年级的教学工作。j、q、x与ü相拼，这是一年级语文教学的难点。我很担心学生弄不清楚为什么要把u上的两点去掉。

上课时，我利用了书本上的图片，给学生讲故事：小猫x、小猪q、狐狸j和小熊u见面了。我说：“为了今天的见面，小熊特地穿上了新买的黄色上衣和绿色的马甲，还有紫色的裤子，还特地打扮了一下，戴上了墨镜。这会儿，3只小动物都出来迎接小熊，他们远远地就看见了小熊，都和小熊打招呼。见了面，小熊立即摘掉了墨镜和他们握手——你们知道小熊为什么要把墨镜摘掉吗？”

小朋友们各抒己见。我总结说：“为了表示礼貌，见面时要把墨镜摘掉。”这时，我出示j—ü—ju，告诉学生前面的u上有两点，后面就没有两点了。这是因为“它看见了3个朋友时，还戴着墨镜；当它走近握手时，就把墨镜摘掉了”。

这样，学生很容易就明白了。针对这个问题，我还编了儿歌：小ü碰到j、q、x，摘下墨镜握个手。

在认读音节的时候，班里有学生把j、q、x后面的ü读成了u。于是，我又叫班里戴眼镜的小朋友来和我表演见面的情景，假设他戴的是墨镜。他摘了眼镜，我俩握手又握手，小朋友们笑了，于是我追问：“戴着墨镜来的是小明，摘了墨镜了还是小明，对吗？所以，戴了墨镜的是ü，在与j、q、x见了面后摘了墨镜的还是ü啊。”这样，小朋友们总算是弄明白了。

低年级教学应以“趣”为先，枯燥地教学得不到好的效果，小朋友们也听不懂你的一二三。教师应该把重点和难点融合在情景中来教学，让孩子们学得快乐。另外，教师应该巧妙地将拼音的拼读规律融合在儿歌中，让学生熟读成诵，烂记于心，让他们学得轻松、记得深刻。

摆正自己的心态，享受这份独有的幸福

从教28年，我认真梳理教育工作中的苦与乐，总结如下。

一苦：社会赋予了教师太高的期望，使得教师的压力越来越大。学校向教师要质量，家长向教师要分数，教师自己心中的责任感也会带来压力。所有的压力令教师不堪重负，如果要做一名出色的教师，付出的艰辛往往是常人的几倍。

二苦：不知惩戒学生的度在哪里。学生大多数是独生子女。教师管理学生，一不能惩、二不能罚、三不能批、四不能哄。教师担心损伤学生的自尊心、降低学生的自信心，也担心学生承受力弱，动辄有离家离校出走的风险。哄也不管用了，因为家长惯用而失效。学生软硬不吃，任你说得口干舌燥，他自岿然不动。

三苦：不被部分家长理解。有时，孩子回家说在学校怎么怎么样，受了委屈。这时，家长便不管三七二十一，一个电话把老师骂个狗血淋头，使老师感到毫无尊严可言。

四苦：教师工作太繁杂。教师像保姆一样照顾着孩子们的学习和生活，各种各样的活动太多，老师哪里有时间一个一个辅导孩子？

一乐：受人尊敬。每年教师节，学生都会送来问候。看着那一张张贺卡及卡片上美好的祝愿，我感觉特别幸福。在教育生涯中，学生被一届一届送出去，又一届一届迎进来，我感觉自己永远年轻。

二乐：待遇不断提高。自20世纪90年代以来，有的企业经营不善，工人不能按时领工资；有的工厂倒闭破产，大批工人下岗。我们教师每个月都能

按时领到工资，而且逐年提高，生活得到了保障。

三乐：假期不少。备课、上课、听课、辅导学生、接受检查……正因为这种繁忙、这种充实，才换来教师寒暑假的轻松。在假期里，教师终于有了时间陪伴年迈的父母、年幼的孩子和平日默默支持自己的其他家人，放松紧绷的神经。

任何职业都有苦、有乐，具体感受如何，要看一个人的心态。我们每一位教师都应该摆正自己的心态，记住自己身上的这份责任——教书育人，凭着自己的良心，做好本职工作，也享受这一份独有的幸福。

02.

听爷爷谈教育往事

眉山市东坡区苏南小学六（3）班　杨曜霆

教育如同春天的雨水，呵护着小竹笋的成长；教育如同握在掌心的指南针，引领我们走向正确的方向；教育如同一本丰富有趣的课外书，带给我们无穷的知识。

这一次，我追寻着爷爷的足迹，见证改革开放40年来乡村教育发展之路，感受如今的教育是多么的来之不易……

爷爷忆教育往事

我爷爷年龄已大。他以前是全国优秀骨干教师，至今脑子依然灵活，要说起什么事来，那可真是滔滔不绝。为了更深入地了解教育发展的历史，我特意回到乡下，请教了我的“百事通”爷爷。

爷爷最先说的是校舍的变化。最开始，学生和老师都没有一间像样的教室，后来，又去借用农民的房子上课。当时条件艰苦，他们连桌子椅子都没有。

后来，政府开始重视教育，拿出一部分资金，修建了一个集中式的茅草房，用于学生上课。在茅草房里上课的学生，依然没有完好的课桌椅子，于是，就拿几块火砖，当作凳子。这样，才勉强算有了上课环境……

随着教育的改革发展，茅草房变成了砖木结构的标准教室。生产大队组织投入劳动力，村民踊跃集资，连同上级教育部门拨付的部分资金，又使新教室有了标准的课桌椅子。这样，学生上课时才有了相对舒适的环境；老师上课时，写字的黑板也终于从在茅草房里挂在墙上的小黑板变成了安置在墙上的大黑板，还配置了讲桌和讲台。学校的厕所也由原来的土坑变成了水泥厕所。校舍变化如此之大，就如同丑陋的毛毛虫蜕变成了一只在空中翩翩起舞的美丽蝴蝶。

村小教室

爷爷说，随着环境的不断完善，我们受到了越来越好的教育。好的教育，使我们品德高尚，让我们素质提高，令我们知识丰富。

当时，教师社会地位不高，不太被人重视。直到邓小平爷爷提出一句话："教育是一个民族最根本的事业。"这种现象才有所改观。1985年，为

东阁村小学旧址

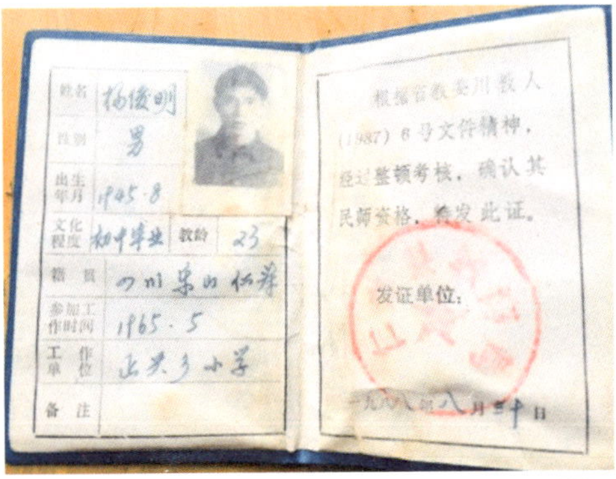

爷爷的教师证书

爷爷的荣誉证书

全面提升教师的社会地位，我国确定每年的9月10日为教师节。从这之后，教师职业得到更多的尊重，教师地位也显著提高，工资待遇也越来越好。这就是教师社会地位的变化。

环境的改善和地位的提升，让老师们更加专注于教学，教学水平显著提高，教育体系逐步完善，学生也就得到了更好的教育。古人说："师也者，教之以事而喻诸德也。"老师的教育使学生获取了知识，而优秀的老师能让学生在获取知识的同时明白道理。我想，这就是教育的初心吧。

如今，我爸爸常用他小时候上学时的艰辛来当教材，教育我该怎么样做……我从老爸的口中得知，他小时候上学是这样的：早晨五点钟起床，自己做早饭。天还没有亮，就要走十多里路去上学。光着脚，踩在泥土上听课。教室的角落里还有蜘蛛……

爸爸通过努力学习，考上了大学，有了大本事，办了公司，造福了家人，更造福了社会！

听爷爷和爸爸讲完这些，我深刻感受到如今的教学质量、生活环境真是来之不易。我们现在的教育环境已经很好了：要投影有投影，要桌椅有桌椅……出生在这个年代是我的幸运，我一定要把握它，抓牢它，用优异的成绩来回报家庭、社会、国家，不辜负这幸福而伟大的时代。

“少年智则国智，少年强则国强，少年富则国富，少年独立则国独立……”这是梁启超的名句。如今社会，老师教育学生，让他们学懂知识，领悟道理，以后有了出息，为国家做出贡献。老师就像自己手里拿着的粉笔，奉献自己，帮助别人。教师是无私的，光荣的，不朽的，永远散发着光辉。“教育”这个词是神圣的，读音是庄重的，字是伟大的！

如今的教学环境

03.

两代乡村教师眼中的教育改革

内江市第四中学　李　薇

我的母亲是一名民办教师。我也是一名普通的乡村教师。听着《春天的故事》，乘着改革的春风，我和母亲两代人用辛勤和汗水共同见证了改革开放以来内江教育的巨大变化。

设备陈旧，依然挡不住莘莘学子的求学热情

高中毕业后，母亲回老家内江市市中区沱江乡当起了民办教师，扎根村小，一干就是20余年。

我曾陪着母亲去她任教过的一所村小拜访。那所学校，由一排土坯房和石头垒成的简陋屋子凑成，教室里大多是石桌子、石凳子，只有几条木板凳。好几间教室都没有门。校园里，地面坑坑洼洼，一下雨就到处是泥浆。

母亲告诉我，一到冬天，呼呼的北风往教室满堂灌，学生们的脸都被风刮得又糙又红。老师们会到处去找村民们要的破木板挡风。下雨时，教室常常漏雨，学生们会找来很多坏掉的瓷盆接雨。听着雨点滴在瓷盆上滴滴答答的声响，学生们展露出纯真的笑容。

黑板是木制的，上面用墨汁涂黑。粉笔质量很差，常常一写就断。课后，师生们经常做一件事，就是把断了的短截粉笔捡起来存着再用。那时，

学校没有钱置办像样的教学用具。师生们想着能省一点是一点，就开动脑筋自制了简易教学挂图、圆规、直尺等教学用具。那时的学生动手能力都很强，这都是被环境逼出来的！

好多学生离校比较远，天不亮就要起床，徒步上学。遇到雨天路滑，学生不知要跌多少跟头才能到达学校。

教室不够，几个年级的学生共用一间教室，于是经常能看到一间教室两名教师一起上课的景象。一个家庭哥哥姐姐弟弟妹妹同坐一间教室上课的情况也屡见不鲜。对农村学生来说，铅笔都是奢侈品。一节课上，哥哥写了字，再把铅笔传给弟弟妹妹写。教室里光线暗，好多学生就挤在窗户下看书。

忆往昔，峥嵘岁月稠。

那时，农村学生能考入镇上的初中、高中是很光荣的一件事。某家出了初中生、中师中专生或者高中生，就是全家、全村的骄傲，村干部要敲锣打鼓庆祝。家里拿不出钱供学生到镇上、市区读书，大家还会帮着凑学费、路费。

生活清贫，教师们依然坚守岗位无怨无悔

1974年母亲走上教师岗位时，只有18岁。母亲说，她最开始的工资只有21元钱，乡上给11元，大队补贴10元。

2005年我参加工作，扣除五险一金，每月实发工资500多元。那时，母亲的工资涨到了700多元。

长期以来，老师们领着微薄的薪水默默耕耘，无怨无悔。

我们家在东兴区椑木镇，从小父母两地分居。周一到周五，母亲在她老家沱江教书。周五下班后，她要走2个多小时的山路，乘坐小木船渡过沱江河支流，才能回家。小时候，等待母亲回家是我周末的一大乐趣。再大一点，一到周末我就会算着时间，去接母亲回家。

有一次周末，母亲加班没有回家。懵懂的我牵着堂哥的手，一起到母亲

回来必经的乡村小路岔路口等她。家人发现我们兄妹俩不见了，焦急寻找，许久未果。突然，父亲敲了一下自己的额头，恍然大悟：“薇儿可能是和她堂哥去接她妈妈了吧。今天是她妈妈回来的日子。”果然，家人在“老地方”接回了我们兄妹。

每到周日下午，就是我最痛苦的时候——母亲要离家去学校了。每次，我都会牵着爸爸的手去送母亲，一送再送，越走越远，巴不得母亲不要走。每到这个时候，母亲就会“狠下心肠”丢下我，快步离开。身后，是我撕心裂肺的哭喊声：“妈妈，妈妈！”母亲早已泪流满面，却不敢回头。

多年后，母亲谈到这些往事，总会告诉我：“你那时声音真洪亮，我走到很远都能听到你的哭喊声。”说着说着，母亲又红了眼眶。

那时的教师，大多是全能型人才，一人得兼任数门学科。母亲说她教过语文、数学，还有思想品德。有的村小只有一两名教师，他们就得所有课程包干。遇到学生成绩下降或者偏科，教师们会利用休息时间给学生义务补习；遇到学生因家贫要辍学，教师们会走到学生家里积极做工作，劝说学生家长让学生继续上学。

教师的用心付出，换来的是桃李满天下。陪着母亲回老家的日子，总是不停有人上前亲热地与母亲打招呼：“陈老师，你回来了啊！”一个村，大部分的人都认识母亲。我陪在母亲身边，羡慕着母亲的“好人缘”。其实我知道，这样的“好人缘”背后，是母亲对学生对教育事业无怨无悔的付出。

还看今朝，忠于党的教育事业的初心永不改变

40年光阴，红了樱桃，绿了芭蕉，笑了芳容，只见桃李满园，凯歌高奏！

40年教育发展，学校变了，教师变了，学生也变了，一切都在向更好的方向改变！

如今，我的学生坐在窗明几净、多媒体设备齐全的教室里上课。学校已

实现五化——硬化、绿化、净化、亮化、美化。教学楼拔地而起，教室宽敞明亮。实验室、音乐室、舞蹈室、图书阅览室、心理咨询室等功能室一应俱全。

教学设备焕然一新。20世纪80年代自制的简单教具挂图、小黑板、小卡片，如今变成了投影仪、电脑、多媒体；黑板成为历史，电子白板普及应用，木教鞭替换成了电子激光笔；教师教学也由过去的一支粉笔、一本书变成了班班通、一体机等现代化教学工具；网络课堂、教育云平台、“互联网+”教育融入日常教学，教育全媒体时代已经到来！

据我了解，近几年内江市教育技术装备建设先后投入资金四千多万元，建成义务教育标准化学校400多所。中心校以上学校100%接入宽带网络、93.92%的教学班配备有多媒体教学系统。

教师待遇不断提高。母亲通过在职学习提升学历，1995年转为公办教师。2011年，母亲光荣退休，退休时月领工资2400余元。如今，母亲每月的退休工资已有4600余元。

乡村教师的幸福指数明显升高。近年来，内江市建立56元至608元乡村教师生活和工作补贴制度，受益教师达1.67万人。国家对乡村教师实行职称评聘倾斜政策，先后有1000余名乡村教师成功申报高一级教师，并为1.22万名乡村教师颁发了从教30年荣誉证书。

母亲退休了，我接过接力棒，继续奋战在教育一线。

回想40年的喜人变化，我觉得有一点始终没有改变，那就是乡村教师忠于国家的教育事业的初心没有改变。条件艰苦时，苦中作乐；条件改善时，自我充电加压；条件优越时，紧跟时代步伐，撸起袖子加油干！

04.

一所农村学校食堂的前世今生

内江市桐梓坝小学校　赵筱瑜

我曾在农村一所乡镇学校工作了二十多年。那里的一切，我都如数家珍：形如四合院布局的校园，曾经是黄泥巴平整出来的后来又变为混凝土的操场，最初是小青瓦覆盖的石头砌的串架教室，后来又摇身一变的四层教学楼，以及同是小青瓦盖的教师住宿房，后来又新修了的三层及六层教师楼，还有三度迁移偏居一隅的学校食堂……

甚至，我可以告诉你在学校教室外一共种了多少棵雪松，多少棵小叶榕，多少棵黄桷兰，也可以告诉你从我过去的寝室走到学校食堂以前一共有多少步，现在需要多少步。

农村学校的食堂不仅是教师们的三大阵地（教室、办公室、食堂）之一，也是我和我的同事们每天必去的目的地，还是农村孩子们中午生活的依靠。

一

二十多年前，孩子们的家大多离学校远，最远的有十多里。上学的路，又多是羊肠小道。冬天天不亮他们就得打着电筒，背着书包出发。遇上下雨天，就更是可怜——长长的雨靴沾满了稀泥，衣服被打湿，裤子上也沾了不少

泥巴，那个样子，让人看了有些心疼。因此，为了解决中午的伙食问题，多数的孩子只能带米到学校食堂来蒸，就着自带的一点咸菜、豆瓣，聊以果腹。

那时的学校食堂，一个小灶台，用来为教师煮饭；一个大炉灶，用来为学生蒸饭。学校还临时聘请了一位工人，专门为老师做饭，为学生蒸饭。学校食堂的燃料用的是煤炭。每年一开校，就会有一辆货车喷着黑烟，拉着满满一车厢煤炭隆隆地开进学校。然后，这些大块的黑金被卸下，堆放在食堂的角落里，一直堆到半墙壁高。

每天早上，最先热闹的地方就是食堂。穿着脏兮兮的衣服的学生们手里端着或提拎着搪瓷盅、搪瓷碗、铝制饭盒或不锈钢饭盒，三三两两、陆陆续续来到食堂，把装着米、红苕的饭盒放在一块水泥板上。每个饭盒上都用油漆写上了自己的名字，作为标记，防止被盗。不过，总有些机灵点的孩子，会探头去瞧瞧别人的饭盒里有什么好吃的。倘若有自己喜欢的东西，便会偷偷地“搬运”到自己的饭盒里。

等学生们上课后，工人师傅才上班。他将一张大篾箦平铺在一口大铁锅上，铁锅里倒进两大桶水。然后，用瓜瓢往学生们的瓷盅瓷碗饭盒里掺水，接着有序地堆叠在大竹箦上，盖上特制的大锅盖。马不停蹄地，又用谷草起火，再放几根木柴。待木柴燃起来，就用洋铲铲起煤炭往灶里送，不一会儿灶里就燃起了熊熊大火。等到水开后，再蒸一两个小时就可以了。其间，除向灶里再铲几次煤外，工人就基本不再管了。

接下来，工人师傅开始准备教师们的饭菜，淘米、蒸饭、洗菜、切菜。一般情况下，教师每天也只有一个菜。不过比起学生们自带的咸菜、豆瓣，教师们的菜还是好了很多，每天都能开荤，鸡鸭鱼肉总占一样。当然，最让教师们喜爱的菜，还是响当当的回锅肉。而且，肥肉不能熬久了、熬干了，因为这样吃起来满口油香，才巴适，才解馋。

快到第三节课下课时，工人便会揭开锅盖，让学生们已蒸熟的饭自然冷却。再将这些瓷盅瓷碗饭盒端出来，整整齐齐地摆放在那块水泥板上。一切完工后，转身就会为教师们炒菜了。

“下课了！下课了！”随着第四节课下课的电铃声响起，二十余间教室便顿时张开了大嘴，飞速地吐出一个又一个学生来。学生们以百米冲刺的速度奔向食堂。食堂外瞬间便排起了长龙，一双双眼睛在那块水泥板上来回扫描，搜索着自己熟悉的餐具。一旦发现，马上喜笑颜开，拿起就走，边走边用筷子或勺子把上面的看来有些脏的“饭皮”拨掉，倒在桶里。

回到教室，他们拿出自己带来的咸菜、豆瓣——也有少数条件稍好的带来了炒菜，拌着饭吃，以充自己辘辘的饥肠。也有些一二年级的小学生，一时找不到自己的饭盒，就会两眼泪汪汪地望着。如一会儿再找寻不见，便会哇哇大哭。这时，校园变得更热闹了：讲话声、哭声、吵闹声，汇成了一首独具特色的交响乐。

那时的教师食堂并没有像样的桌椅板凳。食堂中间摆着一张学生课桌，四周掇两条条凳。年龄稍长的坐着吃，年轻些的站着吃，围成一个圆圈，你吆喝，我嚷嚷，甚是热闹。

二

时光荏苒，一晃十年过去了。这十年间，我发现学生们穿着的衣服慢慢地变干净了，好看了，他们背着的书包也越来越美观了。渐渐地，在他们带来的菜中，咸菜、豆瓣销声匿迹了，而蔬菜肉类登场次数越来越多。瓷盅瓷碗的身影逐渐消失，精致的不锈钢饭盒慢慢占据了统治地位。教师们的伙食也越来越好，菜也由一菜一汤（米汤）变成两菜（一荤一素）一汤（还是米汤）。另外，学校购买了两张大圆桌，添置了30张塑料凳，所有的教师都可以舒舒服服地坐着慢慢享用比过去更丰盛的午餐和晚餐了。

再后来，学校的食堂重新改建，所有的灶、锅全部更换，工人师傅不再蒸饭、炒菜，改行做杂务管理。食堂被承包出去，不再为学生们免费蒸饭。学生吃午饭，要收取费用，一学期的费用从300多元慢慢涨到500多元。多数的年轻家长也觉得自己的孩子每天带菜确实太麻烦，而自己要外出打工，孩子基本是交给老人看管。老人年龄大了，哪里还有精力每天很早起来为孩子单独炒菜？况且伙食费并不算太贵，于是他们纷纷解囊，为自己孩子的健康成长买单。平时老师们也同学生一样，拿着餐具在食堂里打好饭菜，然后各自回到屋里吃饭。

学校的食堂依然热闹而充满活力。不过，尽管学生们的饭菜质量大大改善，但平心而论，以利益为目标的食堂承包者怎么可能让学生们吃得非常好呢？

三

2011年，《国务院办公厅关于实施农村义务教育学生营养改善计划的意见》正式出炉。紧接着，各省市区政府也制订了相应的学生营养餐实施计划。

消息传来，人们惊奇不已，世上真的有免费的午餐？只不过，对象是义务教育阶段的学生。令人失望的是，鉴于各地情况迥然，我所在的学校的食堂依然保留，经营方式依然如故。学生们只实施了营养加餐计划，即每天吃午饭之前，免费向每一位学生发放一个煮熟的鸡蛋（后变为饼干）和一盒学生牛奶。

刚开始，学生们非常热情兴奋，鸡蛋和牛奶都很受欢迎。时间一长，孩子们就吃腻了，鸡蛋和牛奶被乱扔的现象时有发生。这不禁让人感叹：现在的孩子口味越来越高，浪费也越来越严重。

2018年，经过对相关设备设施进行改造并通过检查验收后，学校1200多名学生终于迎来了盼望已久的营养正餐。

现在，请跟着我的脚步去参观一下全新的食堂吧。新食堂迁到了租用过来的毗邻学校的土地上，从原来的一间屋子六十余平方米，拓宽到三间屋子两百多平方米。灶采用了天然气灶，安全、环保；购买了气电两用的蒸饭器，考虑周全；三间储物室，物品分类存放，卫生整洁；几个大冰柜静静地靠墙而站，气势不凡；操作间旁的两间屋子分别安放两排洗碗槽，方便快捷；整个食堂地面和墙面全铺上了洁白的瓷砖，纤尘不染。十余名厨工身着白色的工作服，戴着工作帽和口罩，身手矫健，忙忙碌碌。食堂外的几根钢柱支撑起的棚子，宽敞大气，能遮风挡雨。

食堂不再对外承包，改为学校自主经营。每位学生每天6元的生活费，能全部用在学生头上，确保他们吃到两荤一素。每天一到用餐时间，学生便在老师的组织带领下排成四列，依次走向食堂，再听不见大声的喧哗和吵闹。学生们手拿餐盒或餐盘，跟着队伍缓缓地移动，待打完饭菜，又跟着老师回到教室内，在老师的陪同下，坐在自己的座位上津津有味地吃起来。他们的脸上，绽放着幸福的笑容！他们的心里，定是觉得格外的甜蜜！

回首从教的二十余载，想起学校食堂的前世今生，我不由得感慨万千。作为中国农村教育的一个缩影，学校食堂的变迁，折射出了改革开放的强大力量！

05.

春天里，一个读书改变命运的故事

攀枝花市第三十六中小学校　徐晓蓉

改革的春风，吹绿了东方神州；改革的春雨，滋润了华夏故园。改革开放的40年，展开了一幅幅新的画卷，描绘出万紫千红的春天。

日子再苦，爸妈都没让我辍学

我出生在一个偏远的农村，村里的男孩比女孩多。当时，大多数人都“重男轻女”，冒着罚款的风险，东躲西藏也要生一个儿子。于是，在这样的环境影响下，我的弟弟出生了。

当时，村里很多年轻人都选择出去打工谋生。女孩出去打工的更多，因为父母觉得“女生外向”，女孩终有一天是“别人家”的。所以，他们把上学的机会留给了家里的男孩。

村里好多姐姐10多岁就已经嫁到很远的地方了。父母把嫁女儿的钱存着，要么送儿子读书，要么实行“换亲”。

从小，我最怕我的爸爸妈妈也这样对我。我想读书，想离开农村，不想一辈子当农民。于是，我从小就努力读书。可是，村里的大人们经常劝诫我妈：“女娃读那么多书干嘛，只要认识钱，会写自己名字，不会走丢就可以了。”但是，我的妈妈从来都不愿意搭理他们。

那时，我妈有到沿海地区打工的经历，知道知识的重要性。她体会到了没有知识就到处吃亏的苦楚，她懂得知识改变命运的道理，她让我们从小努力读书，让我们用知识去改变自己的命运。

每当开学，爸爸妈妈就会为了我和弟弟每人200多元的学费发愁。200元，差不多是当时一个农村家庭半年的收入。因为家里穷，开学时我们常常缴不起学费。等家里交了“公粮”后有剩余的粮食，卖了才能补缴。很多时候，要靠妈妈出去抓蛇卖钱，补贴我们的学杂费。

那时，家里每年都要养几头大肥猪，可是我们都吃不上几斤肉。家里的鸡蛋也从来都轮不到我们自己吃，因为妈妈需要把它们都卖了，然后攒钱给我和弟弟缴学费。

甚至，我们从来不敢奢望有一件校服。每次学校举行活动，我和弟弟都不能参加，因为我们没有校服。没有统一的服装，会成为别人眼里的“异类”。

即便日子已经如此困苦，妈妈依然没有让我放弃读书。

后来，改革开放的春风吹到了我们农村，国家实行了“九年义务教育”，从最开始的“免杂费，免部分困难生的课本费”，逐步加大了免费比例，最后实现“全部免课本费，补助困难学生”。这些举措大大减轻了父母对子女教育的经济负担，提高了入学率，让孩子们人人有学上，“一个都不能少”，实现了真正意义上的九年义务教育。

校园的巨变，让我们爱上学习

改革的春风，让我们的校园也发生了巨大的变化。

起初，学校的窗户是木头的。一到冬天，我们坐在教室里常常冻得瑟瑟发抖。下雨天，若是遇到大风，我们就经常被雨水“滋润”。后来，我们有了崭新的教学楼，还有专门的功能室，如计算机室、音乐教室、实验室等。那时，每个星期我们都会有一节微机课。电脑对于我们每个人而言是那么神圣，我们既期待又害怕。期待是因为可以用上高科技的电脑，可以用鼠标在上面点来点去；害怕是因为我们的微机老师很严厉，生怕我们摸坏电脑，这也不让我们碰，那也不让我们点，只能点他同意点的文件。

每天，我们都要走很远的路去上学。中午，我们吃的饭经常都是冰凉的。特别是冬天，饭菜都凝固在了一起。后来，学校用上了新式的蒸饭机，我们可以在学校吃饭，也可以自己带饭菜来蒸。学校还专门修建了宿舍楼，离校远的同学可以住在学校，每周回去一次。

最初，学校的体育设施就是一块泥土地的足球场。我们唯一的乒乓球台，都是学校用废旧的饭桌拼搭而成。我们的球拍，也是用木板自制的。后来，我们增添了新的体育用具，体育设施和体育器材摆在了校园的每个角落，如乒乓球台、篮球架、足球、篮球等。这些丰富了我们的课余活动，让我们的身体也得到了锻炼。

当年，我们学校经常停电，一到雷雨天气，变压器就会被打坏。没有电，教室里一片阴暗，老师就会提前放学，让我们回家。回到家后，我只能用煤油灯照明，勉强完成作业。那股刺鼻的味道，让我终生难忘。

初中时，我们在上晚自习的时候依然时不时停电。这时，我们用上了蜡烛或者煤油灯。一阵大风吹来，整个教室都陷入黑暗之中。很多女同学都不敢留长头发，因为经常一转头，就把头发给烧了，一大股烧焦的味道便会立刻扑鼻而来。

后来，我们的条件好了，学校有发电机了。教室里随时亮堂堂的，同学们学习的干劲十足。多媒体设备也慢慢地进入我们的校园。每个班上配有一台电视，还有投影仪。现在，我们都用上了电子白板和电子笔，彻底告别了“一支粉笔加一块黑板”的时代。办学条件发生的巨大变化，让我们都爱上了学校，爱上了学习。

成为一名教师，改变家庭困境和个人命运

2008年5月12日，一场无情的地震袭击四川。地震来临时，老师们让我们赶紧撤离。可是，他们却没有离开，等我们都全部撤出教室后，他们才下楼。那一刻，我才深刻感受到——老师的品德，多么高尚啊！这让我更加钦佩老师，更加坚定了我要当教师的决心。

6月7日，我们怀着忐忑的心情走进高考考场。那时，我们心理压力非常大，一方面担心随时可能来临的余震，一方面担心自己发挥不好……3天的高考，我们考得胆战心惊。

等待成绩的那些日子，简直是煎熬啊！后来，成绩也确实不太令自己满意，我以为自己没有上大学的机会了。可是，大学扩招了，这给我带来了希望。我和弟弟都如愿考上了自己喜欢的大学，选择了自己喜爱的专业。

奶奶有眼疾，不能干农活。妈妈因为常年劳累，身体也落下了病根。家里就靠爸爸打工，挣一点微薄的工资，来供我和弟弟上学。后来，村里把我们家的贫困情况逐级上报。政府给奶奶评定了残疾等级，给妈妈办了低保。学校也对我们进行了困难补助，每年还给我们提供助学金，给我们提供兼职。这些措施，大大地缓解了我们家的经济压力。

以前很多人是不愿意选择老师这个职业的，因为教师非常清苦，工资低，只能一家人挤在狭小的宿舍里，甚至还有很多老师要靠干农活才能维持生计。

现在，国家实施了一系列对乡村教师的优惠政策，提高了乡村教师的工资待遇，还有很多方面的补贴。教师按时领取工资，不再为生活发愁，很多老师还利用公积金贷款在城里买了房。社会各界对教师也越来越尊重，老师们的职业幸福感大大提高。

言出不必驚人
談吐一定文明
礼貌伴我行
天天好心情
忍一時風平浪靜
退一步海闊天空

核心价值观

2012年，我如愿考上了教师，成为村里唯一的一位“女先生”。村里的人都特别羡慕我。因为国家政策好，我出来工作不到3年，就用公积金贷款买了自己的第一套房子。这在以前是想都不敢想的。

为了提高教师的专业素养，国家给我们提供了各种各样提升个人能力的机会。我们有机会走出校门，去学习别人先进的理念和教学模式。每年的“国培”，网络学习不仅让我们大开眼界，而且实实在在地提升了我们的能力，夯实了我们教书育人的基本功。

通过教师这个职业，我改变了家庭的困境，改变了自己的命运，赢得了社会的尊重。

我很庆幸自己生活在一个伟大的国家，我很庆幸自己出生在改革开放的大浪潮中，我很庆幸我有一位伟大的母亲，我很庆幸我坚持追梦并且实现了梦想。我会继续伴随改革开放的进程，不断谱写教育事业科学发展的新篇章。

06.

长大后我就成了你

——一位青年教师的成长之路

米易县第一初级中学校　丁雪琴

“小时候，我以为你很美丽，领着一群小鸟飞来飞去……长大后，我就成了你，才明白那间教室，放飞的是希望，守巢的总是你……”

每每听到这首歌，我都有一种莫名的感动。它像一把钥匙，打开了我记忆的闸门。在晶莹的泪光中，那一个个鲜活的面容，又一次浮现眼帘。

童年遇恩师

1984年，也就是改革开放初期，随着浩浩荡荡的农民工队伍，我被父母带到了米易。

我那时还很小，家里很穷。记忆中，我只能望着工会幼儿园的大门发呆。虽然仅一墙之隔，却是我永远也无法逾越的鸿沟。

到了读小学的年龄，正好赶上普及初等教育的大好时机。父母到处托人，终于抢到一个到城关一小报名的资格。报名那天，从小就营养不良的我被老师叫去，让我用手臂越过头顶摸耳朵。结果，我没有摸到，硬是被认定为未满入学年龄，被退了回来。

后来，我在一个不知名的托管班混了一年。直到1989年，父母费了九牛二虎之力，终于让我挤进了米易县城关一小的大门。父母东拼西凑了200块钱，交了择校费。在当时，这可是一笔巨款啊，毕竟一碗面才3角。

父母忙于生计，奔波劳碌，没时间管教我。于是，我就成了“野孩子”。我常常被告黑状，皮带和荆竹条，一直伴我成长。直到有一天，我遇到了班主任张家凤老师，这才彻底结束了暗无天日的学生生活。

记得那是一个下午，我到张老师家去问数学作业。刚进门，就看见到她正改卷子，她老公在厨房里挥舞着锅铲，女儿像尾巴似的跟在爸爸的后面。

张老师亲切地叫我过去，迅速地翻出了我的卷子，看了很长时间。最后，本该得89分的，她却慷慨地给了我90分。那是我上小学4年以来，第一次得90分。

我永远都记得，那天晚上我抱着心爱的卷子，美美地睡了一个好觉。从那以后，我如有神助，成绩直线飙升。

张老师的课教得很好。记忆里，我们班的后排常常有来听课的老师。最初我们还很害怕，后来就习以为常了。最后还发展成了人来疯，人越多，表现得欲望更强烈。我胆小懦弱的毛病，也许就是那个时候治好的。

米易三中新建成的阅览室

张老师的字写得很好，板书漂亮、整洁。私下里，我偷偷地模仿她的字迹。在我满10岁的前一天，张老师送了我一支钢笔。这是我收到的唯一一份来自老师的生日礼物，激动得不得了。

中考临考前，不知因为一件什么事情，张老师给了她的侄儿（我的同桌）一个重重的耳光。这一耳光打哭了全班所有的学生，也包括张老师自己。也恰恰是这一耳光，打醒了我们涣散的心。我们从此振作起来，考了全县第一。我也顺利考入米易县最好的中学——米易中学。

老师无私的奉献，亲切的关爱，温暖了我的一生。一想起张老师，我总是热泪盈眶。她让一个个农民工子女，一个个留守儿童，重燃逆袭人生的希望。

年少正三观

中学生活丰富多彩，大量新鲜的人和事像海潮般涌来，让人应接不暇。那时，我正处于青春期，和现在很多的孩子一样，热衷追星、看小说、追电视剧。针对这个阶段学生的特点，学校为我们提供了很多展现自己的机会：歌手比赛、辩论赛、运动会、文艺汇演、数学竞赛等，让我们觉得很振奋。

那时，我们总能在文艺汇演时，欣赏到老师们令人惊叹的才艺，也总能在运动场上看到所谓“文弱书生”奔跑的背影。我隐约感到，生命原来可以这样丰富，这为我现在广泛的兴趣爱好打下了良好的基础。

还记得那是一次特殊的集会，我们全校师生都手捧白花，庄严肃穆地哀悼一代伟人的辞世。在香港回归的前夕，欢腾的校园突然显得那么沉寂。15岁的我渐渐开始有了国家、民族的概念。

20世纪90年代末，米易中学引进了一大批大学生，这让我们的思想受到洗礼。他们热情洋溢，闪烁着青春而智慧的光芒。最让我难忘的，还是现在米易中学校长王明富给我的启迪。

那时，他刚刚分到我们学校，一身学生气，瘦瘦小小的，十分朴素。一副

米易三中选修课双节棍

米易一中课外拓展活动

黑色边框的眼镜架在鼻梁上，一看就是典型的理工男。他的物理课讲了什么现在我都记不清了，但有一件小事却在我年少的心灵上刻下了深深的烙印。

一次考试过后，我们和往常一样坐在座位上等着王老师下发和讲评试卷。这时，他来了，手里攥着卷子，黑着脸，双手扶在讲台上，俯瞰着我们。他那犀利的眼神透过厚厚的镜片直插我的心脏，他的愤怒似乎要掀翻整栋教学楼。

原因出人意料，竟是因为我们考得太好。但是，细致的他已经发现我们的成绩存在弄虚作假。并且，他已经把这个案子查得水落石出——谁抄的谁、谁和谁是共犯、谁是惯犯。他还把我们的试卷按作弊的程度分成了A、B、C三个等级。

我原本以为，学生随便瞟一眼别人的答案，也算在情理之中。可是没有想到，王老师把这件事情看得非常严重。在他看来，这是一个关于诚信公正的大问题，也是事关一个人道德品质的大问题。

那节物理课，是我这一生中最重要的一节课。从此，我的人生观、价值观、世界观悄然发生了改变。

时隔近20年，那个画面依然清晰可见。从那以后，我再也不敢做这种徇私舞弊的事情。我总觉得，那是一种可耻的行为。不仅仅是考试，对于其他的事情也是这样。

时至今日，我从来不作假，也不敢作假。只要稍有这样的念头，王老师那黑着的脸、犀利的眼神又浮现在我的眼前。

努力接好班

我从没有想过我能成为像他们那样的人，但命运冥冥之中仿佛就有安排。2006年，米易县第十二次党代会确定了“教育事业适度超前发展”的战略目标，加大了对基础教育的投入。乘着改革的春风，作为第一批非师范专业的特岗老师，我有幸成为一名农村学校的教师。

新建成的米易三中鸟瞰图

记忆中，西部的乡镇中学应该是房屋矮，教具落后，学生贫困……但踏进校园的瞬间，我被眼前的景象惊呆了——高大的教学楼，宽敞明亮的教室，还有微机室和多媒体室。

在这里，我的教学能力不断提高。我把过去老师们对我的关爱和教诲，毫无保留地传递给我的学生。我像他们那样上课，像他们那样书写，像他们那样对待犯错的孩子，有时苦口婆心，有时呕心沥血。当然，我也像他们那样得到了学生和家长的尊重和理解。

后来，我被调入了县初级中学。这是一所年轻的学校，在这里，有着更加现代化的教育设施，更加先进的教学理念。

吃水不忘挖井人。我深知：是40年的改革开放，让我通过读书改变了自己的命运；是改革开放的深入推进，让我可以通过教育改变学生的命运。

长大后，我就成了你。此时我才知道，站好三尺讲台，成就的是学生，奉献的是自己。长大后，我成了你，才明白了老师们默默坚守的意义！

07.

奏响改革开放的交响曲

——一所农村学校的蝶变

平昌县荔枝小学　张立和

荔枝小学是一所既有初中部又有小学部、地处城乡结合部的农村学校。几度春秋，几度变迁。伴随着改革开放的足迹，它见证了平昌县教育事业的发展，也是平昌县教育事业的缩影。如今，它又乘着“义教均衡”的东风，托举起一个个地方孩子美好的明天。

荔枝小学的昨天

最初的荔枝小学，几间瓦房破败不堪，横卧在荒山野岭中。白天，孩子们挤在教室里，教师凭着一支粉笔、一块黑板、一本教科书，给孩子们描绘着一幅质朴画卷；晚上，师生呼吸着几十盏煤油灯冒出的滚滚浓烟，共同勾勒人生，畅谈未来；吃饭时间，孩子们蜂拥来到一字排开的女儿墙下，在墙上早已挖好的“灶”上煮粥、炒菜。炊烟四起，柴火纷飞。春夏秋冬，周而复始。

十一届三中全会胜利召开，尘封的大地春潮涌动，改革的号角在天边响起，开放的帷幕徐徐拉开。荔枝小学在苍凉艰辛中迎来了新生。

那时的我是一个怀揣梦想的中学生。有一天，一向沉寂的学校突然热闹起来。搬运工、手推车、脚手架，呼啦啦齐上阵，砖石、水泥、钢筋，齐刷刷摆满操场。不到一个月，学校对面的空地挖成了四四方方的场地。我们一下课就跑上跑下去看那些陌生的面孔倒沙、和泥、搬砖、砌砖。

新学期一开学，只见一幢三层高楼拔地而起。新修的教学楼在阳光下熠熠生辉，粗壮的承重柱显得庄严而雄伟。宽敞的教室里，阳光透过玻璃窗，孩子们的歌声特别甜美。不久，住宿楼、厨房也相继建成，它们虽然矮一些、简陋一点，但较之过去，已经发生了翻天覆地的变化。

时代的脉搏，现代化的脚步，使每个中国人欢欣鼓舞，各行各业的人们迸发出前所未有的力量，投身于改革开放的滚滚洪流。作为一个学生，我亲身感受到了老师们的爱岗与敬业。

三尺讲台，不计得失，只为桃李吐芳菲；一方热土，谁恋功名，甘洒青春润万物。老师了解孩子们的家境，深知知识改变命运在那时的独特含义，忘我工作，精心辅导，不错失每一个优生，不放弃每一个差生。

老师的教诲使我也走上了从教之路，并且荣幸地成为荔枝小学的一员。那时的我们从老师身上不仅学到了知识，而且学到了任劳任怨、顾全大局、乐于奉献的优秀品质。

无法忘记的2008

永远无法忘记2008年。正当孩子们躺在午睡的床上，一场突如其来的大地震惊醒了他们的美梦。师生们翻身来到操场，惊魂不定。看看教学楼，两边的墙上被撕裂了好几条或明或暗的口子，住宿楼屋顶的瓦片震得满地都是。全校师生惶恐不安，余震的阴霾挥之不去。住在帐篷，吃在帐篷，上课在帐篷。领导焦急：几百号人如何安身？师生困惑：照此下去，怎能持久？

在等待观望中，我们盼来了第二个春天！学校要拆除所有的危房，修建标准化的教学楼，并且还要着手规划新的办公楼、学生宿舍、学生食堂以及教师住宿楼。天呐！这简直是天方夜谭！如果只是一所学校那还可能，可是，像我们这样的学校还多着呢，政府能行吗？

眼前的事实让我知道什么叫杞人忧天。原来国家在紧锣密鼓重建汶川的同时，也把关注的目光投向了广大的中西部地区。

很快，挖掘机轰隆隆碾过操场，爬到高几个台阶的教学楼前，伸出巨臂，张开钢爪，“呲”的一声，冒出一股青烟，砖石滚滚而下。几天之后，原来的教学楼化为废墟。紧接着，铲车、卡车接踵而至。

在这里，我第一次看到了塔吊的装卸。高高的塔吊矗立着，电机一开动，伸展的巨臂在空中画弧，忽上忽下的吊箱如同高空荡秋千。我默默感叹科技的力量，时代的变迁，深深体会到改革开放给神州大地注入的强劲动力。

那段时间里，机器的轰鸣声和着操场传来的琅琅读书声，构成了独特的乐章。

新学期开始，一个洋溢着现代化气息的学校浮现在眼前。孩子们撤出帐篷，像过年似的搬进了新教室。

荔枝小学的今天

如今的荔枝小学，依偎在摇铃山下，站在铁门外大理石铺就的平台上，一眼就能望见缓缓流淌的河水，东西两侧的山峰遥相对峙，仿佛把校园置身于一个舒适的摇篮之中。

从校门拾级而上，手扶乳白色栏杆，脚踩淡青色台阶，穿过一道铁门，就来到了外操场，再踏过十几步阶梯，就来到了内操场。举目四望，一个紧凑、协调，四合院式的校园尽在眼前。内操场说不上宽阔，但足以让几百个学生自由翱翔，闪亮的跑道线苍劲有力，似乎延伸着一代人的梦想。

站在操场上，背朝通河，一抬头，就是标准化的教学楼。新教学楼造型优雅，朴素大气，给人一种端庄肃静之感。正面墙上高挂的校训“笃学、励志、和谐、奋进”八个鎏金大字赫然醒目。教学楼共三层，三十多间教室，音乐室、美术室、阅览室、图书室等，应有尽有。

操场两端，一边是办公大楼，一边是学生食堂。学生食堂上下两层，可容纳几百人同时就餐。看着同学们吃着香喷喷的营养午餐，脸上洋溢着幸福的笑容，不禁让人感慨万千。站在操场上，面向通河，下面就是学生宿舍。上下三层的学生宿舍，八人一间，精美的布置，温馨而又舒适，还有公共卫生间，洗澡间。紧挨着的是教师宿舍楼，那些远道而来的异乡老师，终于告别了东搬西运的游荡生活，能在疲惫之时有一个安居之所。

美丽的校舍，如同美丽的外衣，只能给人带来视觉的快感。如何提升学校的内在气质以适应新形势素质教育的要求，让我校教育教学再上台阶？领导在思考，老师在探求。正当大家一筹莫展之时，义务教育均衡发展的各项指标为我们指明了方向。

一时间，政府把大量资金倾向了学校。图书室的图书猛增。古今名著、科普读物、历史书籍，孩子们眼界大开。他们手捧心爱的书画，在阅览室尽情汲取知识的营养。电子琴、钢琴、琵琶等乡村孩子见所未见的乐器第一次亮相舞台，体育器材更是琳琅满目，各类实验室相继建成，从根本上改变了传统的校园。医务室、心理辅导室的组建更是体现了现代办学理念以及学校教育应有的人文关怀。特别是现代教育信息技术的应用，不仅大大优化了课堂教学，提高了教学质量，更为年轻教师施展才华提供了广阔的空间。

仲秋时节，学校的桂花树排列成行，正散发出迷人的香气，不管在楼道里，还是在小径上，都能闻到一股淡淡的幽香。操场边的柏树搀扶着刚刚栽培的花树，有的刚毅挺拔，有的婀娜多姿，有的蓄势待发。环绕校园一圈，《三字经》《弟子规》以一种轻松、休闲的方式跃入人的视野，一天，两天，总会在你的脑海产生涟漪，这时一种历史的厚重感和先贤圣哲的教诲自然而然萦绕于心头。长此以往，这些有形的风景和无形的精神定会化作涓涓细流浸润一方沃土。

回首昔日的校园，目睹今日的巨变，我不禁感叹时间的飞跃。重获新生的荔枝小学，是改革开放这棵大树上结出的小小果实。但是，一滴水可以折射太阳的光辉，一粒沙可以窥视整个世界。荔枝小学就是大海中的一滴水，海滩上的一粒沙。它的变化，正是当代中国日新月异、蒸蒸日上的真实缩影。生活在这样的国度，生逢这样的时代，我们谁不喝彩！

08.

我与中江教育一起成长

中江县继光实验学校　唐盛花

十年树木，百年树人；百年大计，教育为本；国运兴衰，系于教育。作为一名教育工作者，从当年寒窗苦读的学子到如今情牵讲台20余载的教师，我目睹了学校在改革浪潮中翻天覆地的变化，感受到了时代进步给教育带来的冲击与机遇，也深深体验到了中国特色社会主义实现了从站起来、富起来到强起来的历史性飞跃。40年回眸，每一眼都满含深情，记忆如电影般呈现出一幅幅由黑白幻化成彩色的画面。

四岁的“飞鸡”梦

1978年，我四岁，蒙昧的脑袋里成天想的就是如何填饱那仿佛一直没有得到满足过的肚皮。野草莓、桑果、野酸枣、刺梨、野地瓜……都是我果腹的美味。趁摘刺梨、扒地瓜之际，我不止一次爬上山尖，想看看山后究竟是什么。

一日，满山遍野找野刺梨疯够了，我偎依在爷爷身旁，望着天空悠闲的白云愣神，突然，一架飞机轰鸣着从头顶飞过，望着那老鹰般掠过的身影，我突发奇想，天真地问：“爷爷、爷爷，‘飞鸡’好吃吗？把它打下来让妈妈炖汤。”从新中国成立前的私塾先生到新中国成立后的人民教师的爷爷哈哈大笑。他抚摸着我的头说："傻孩子，那飞机是不能吃的，是用来乘坐的，它飞得很快很快，很高很高，坐在上面可以看见山外的世界……"

"那我要坐飞机，我要到山外去看看……"

"好的，我家小孙女好好学习，今后就可以坐飞机，到城里去工作……"

站在山顶，放眼望去，大山一座紧接一座，连绵不断，半山腰的缕缕炊烟，被山风一阵阵狂乱地撕扯，又执着地粘在一块，融在一起汇成雾带，紧紧地将大山缠绕，仿佛担心一松开那山就会像我的心一样飘出很远很远。看着看着，我就傻傻地觉得自己就是山顶那棵最小的树，不知何时能长大，何时才能坐上那能飞很高很远的"飞鸡"，到山外去看看。

母校印记

6岁时，背上妈妈亲手缝制的花布书包，我成了一名小学生，每天翻山越岭走一个多小时才能到达学校。母校坐落在半山腰，新中国成立前是刘家大祠堂，四合院结构，木质大门厚实而沉重，门上方刻着一条腾飞的龙与一只展翅的凤，所有的窗棂上都雕樑画栋，还有各种形态的人，古色古香又不失威严，遗憾的是那些精美的图案有的被黄泥糊盖、有的已经面目全非，听爷爷说，那些不雅的痕迹都是"文化大革命"中破四旧留下的创伤。

印象中的母校门外是一片宽敞的平地，地上四棵高大的桂花树是校园最忠实的守望者。我不知道那桂花树有多大的年龄了，只知道要我们四五个人才能合抱，树下的草坪是我们的乐园。在那里，我们寻觅着蟋蟀的住宅，抓回一只放进火柴盒，想在夜晚听听它弹琴；我们打死苍蝇喂树洞中的蚂蚁，看它们如何搬回家；我们常常拾起飘落的桂花树叶，压在书里当书签。

学校有大大小小的十余间教室，每间教室都是黄泥墙面、木质窗棂，有的墙面裂开一道道口子，可这并不影响老师上课的热情和孩子们求学的决心，几百个农家孩子在这里编织着童年的梦。我清晰记得，一次，老师正在讲台上给我们上《农夫和蛇》那篇课文。突然，教室里发出一声尖叫：

“蛇！”原来是一条顽皮的小青蛇顺着墙缝钻了进来，和我们一起感受祖国语言文字的博大精深，吓得女生们惊慌失措，乐得男生们摩拳擦掌，教室里瞬间炸开了锅。最终这个走错地方、引起轰动的家伙遭到了最严厉的惩罚，它被老师装进了酒瓶。不过我们最怕的要数下雨天了，整个教室到处滴滴答答，桌子被拉过来拉过去，最终满教室都找不到一块不漏雨的地方，我们只好抱着书包戴着斗笠上课。

那简陋的学校，限量的粉笔与斑驳的黑板以及屋檐下悬挂着做敲钟用的那半边“犁铧”为我们描绘着未来、描绘着希望。

初为人师

1994年，中师毕业的我回到了故乡，成了孩子王。

无数次抵挡野果诱惑的决心、无数个挑灯至天明的夜晚终于换来一张中师的入学通知书，在乡亲们的锣鼓声中，我完成了草鞋到皮鞋的转变，骄傲地离开了那片土地，成为城里学堂的一名学子，可我无论任何也与那片土地脱离不了关系。

我教师生涯的第一站是广福镇中心小学，条件比母校要好得多。学校建在一座小山顶，四合院式的瓦房，白天映衬在孩子们的笑脸中倒也显得美丽而灵动。

学校有几台幻灯机，那是当时最好的电教设备，每次要用都得到教务室去领取，然后原封不动地归还。幻灯片也得自己动手制作，空白胶片按需分配。刚刚迈上讲台的我一放学就趴在学校分给我的三只脚的书桌上描画，自制的幻灯片倒获得了鼻涕娃娃们的一片叫好，我的干劲也更足了。后来嫌用胶片浪费太大，我干脆找来几块玻璃替代，用完后洗干净又可以画新的内容，我成了孩子们喜欢的老师。

不过，我最怕夜晚的来临。当最后一个孩子带走校园最后的一丝喧闹，山上就只剩下了我一个人守着寂静的校园。夜色越来越浓，白天在眼里充满诗意的树变得突兀狰狞，校园也变得诡异阴森，19岁的我泪水常常无声地滑落。特别是夏天，一到晚上，飞蛾就陆续来凑热闹，围着电灯旋转，房梁上，老鼠肆无忌惮地跳起了迪斯科，踩得房瓦咯吱咯吱地响，时而还有大胆的跳到蚊帐上。孤独的我唯有借写点小文章解解闷，吹吹笛子驱赶恐惧。

就在那山上，我每月领着198元的工资，一待就是三年，大树上悬挂的废犁铧做的钟，一次次狠狠地敲击着我的教师梦。

岁月在轮回中慢慢走远，从青涩的教坛新秀到市县骨干教师、学科带头人、省骨干教师，从孩子们口中的教师姐姐到教师阿姨甚至是教师妈妈，我在自认为真正属于自己的天地里恣意地生活着、存在着，工作环境也不断变化着。

2001年，我站上了小县城的讲台。学校里每个班上都有一台电视，每周进行校园活动的现场直播。学校还有一套多媒体设备安放在大教室里面，每到上教研课的时候，那里人满为患。骤然站上城市的讲台，在我眼里这一切是那样的神秘、先进，我甚至做梦都在想拥有一台属于自己的电脑。

这是一所百年老校，学校老师都是来自全县各地的教学精英，学校设备不断在更新，我担心自己落伍，一咬牙，2002年，我用工作8年来存下的所有稿费换回了一台电脑。拥有电脑的第一夜，只懂得开机与关机的我傻笑了许久。

慢慢地，我学会了制作课件，也开始大胆地用多媒体。从乡村走出来的我得到了老师和家长的认可。

凯江河畔漫步

2004年，百年老校拥有了一所设备设施全县一流的分校，学校坐落在风景如画的凯江生态园旁，我有幸被选调到新校任教。

在一个个普通的晚上，熟悉的休息铃声将我推向月华如水的夜色。我贪婪地再望望灯辉下逐渐安静下来的校园，把一天的得失皆打点进背包，收拾心情，轻轻上路。身边的人行色匆匆，如夜归的鸟，寻觅着各自温暖的巢。

我最喜欢在这样的时候踩着被昏黄的路灯拉长的自己的影子，悠然在凯江河畔漫步，一任夜风将思绪撕扯成千丝万缕。流水无痕、岁月如歌，这奔腾不息的母亲河，曾记录下多少可歌可泣的故事、动人的传说。起风了，碧绿的河水在微微夜风中泛起粼粼波光，每个波光里，都有一颗星星在闪亮，透过那迷离的光圈，我看见了曾经的这片土地，这片散发着农家自然肥味道的土地。

那时候，中江城郊的这片土地还只是一片农田，辛勤的农人日出而作日落而息，年年岁岁春种秋收。这片土地也是农家孩子的乐园，一群光腚娃娃在狭小的田埂间尽情放纵着纯纯的野性，恣意而率性地成长着，长成一个个父辈的翻版。

在中江县实验小学成立100周年的那一年，中江县委、县政府领导关注的目光投向了这里，一次次实地勘察后，设计师来了、工人们来了、隆隆的机器开过来了……仿佛一夜之间，占地40亩，总投资2000余万元，建筑面积达16000平方米的学校在农田上拔地而起。

学校有十分壮观的庭院式教学大楼，有标准化的学生公寓、学生食堂和200米的田径塑胶跑道。建有先进的校园广播系统、闭路电视系统以及宽带网络系统，可容纳400多人的报告大厅以及形体房、音乐室、演播室、中西画室、计算机室、跆拳道馆、围棋室、科技馆等专用室，班班配备多媒体电脑、教学实物展示台，先进的设备实施居全市一流。

就在这片孕育过国家英雄黄继光的土地上，就在这凯江河畔，将传统文化精华与现代文化精神融为一体，以弘扬黄继光的国际主义、爱国主义精神为主线的新学校——中江县继光实验小学诞生了。就这片土地、这片凯江河水浇灌过的土地，告别昔日的沉闷，在初秋的黎明中醒来，在九月的阳光里醒来。怀揣教育梦想的省、市名优教师及市、县骨干教师走来了，优秀的应届大学毕业生寻梦来了，懵懂的孩子求学来了，他们在秋日的艳阳下汇聚在一起，汇聚成一首歌、一首改革开放的教育颂歌。

每天，我与老师们打开电脑，与全国各地的名优教师一起分享教育教学资源，交流教育教学心得。网络，让“天涯若比邻”变成了现实。

浓郁的校园文化为孩子们插上腾飞的翅膀，绿色长廊、文化走廊、宣传栏、展示栏、英语快乐园、读书园、诗歌园、植物园、标志性雕塑等，让每一面墙、每一棵花草与学生对话，走进学生的心灵，让孩子在潜移默化中陶冶性情。七色光电视台、红领巾广播站、校外实践基地给孩子们提供广阔的发展空间。孩子如小鸟般飞来了，等身上的羽毛变得丰满又飞走了。

继光实验学校，这所凯江河畔年轻的学校沐浴着改革的春风，如初春的第一株嫩芽，在孩子们的欢笑声中成长着、奔跑着、发展着、壮大着。成为一所温馨家园、求学乐园、成才摇篮。2009年，学校又迎来了一个新的无限广阔的发展空间，改名为继光实验学校，在县委、县府、县教育局及社会各界的关心和支持下，新征地60亩，新建了一所高标准、高起点的省市一流的初中品牌学校，并于2010年9月正式招生，而今，学校已经由最初的18个教学班、675名学生，发展至66个教学班、3055名学生的九年一贯制学校，成长为“中江典范·德阳领先”的窗口学校，多次承接省市大型活动。

青山遮不住，流水带不走。年轻而又茁壮的继光实验学校，这朵改革开放中绽开的教育“奇葩”，在无数双温暖的手、无数个坚实的臂膀的支撑下，绽放得那样精彩、那样光彩夺目。

再回故里

2018年春日，我踏上了归乡之路。经过一冬的酝酿，故乡到处苍翠欲滴。

母校，那留下我童年脚印的母校在“5·12”地震中成了危房，被推倒了，是她太累了，想歇一歇了，还是她认为自己已经完成了历史使命该归隐了？我无从知道。但映入眼帘的风景足以润湿我的眼眶，并触动我心底那根最柔弱的弦。一座漂亮的教学楼伫立在蓝天白云之下，教室里书声琅琅，孩子们在窗明几净的楼房中圆着他们的求学梦。

我工作的第一站——广福镇中心小学的四合院也早就不见踪影，取而代之的是几排红顶黄墙的高大教学楼，学校有了专门的微机室、音乐室、实验室等。我曾用过的幻灯机早就告别了历史舞台，“班班通”给师生推开一扇全新的教育之窗。均衡教育缩短了城乡的距离，老师们熟练地利用信息技术与外界接轨……老师们也都搬进了住宿楼，两室一厅或者三室一厅，不用再担心晚上老鼠、飞蛾的入侵。

家乡变了，翻天覆地地变了，于是，我疯狂地搜寻着属于它的新的信息。从乡亲们骄傲的谈话里，从当地新建的网站里，从返乡的脚印里，我发现了它一天天日新月异的变化。密集的网络线、一夜之间冒出的高楼、窗明几净的学校……无不勾起游子翻飞的思绪。

40载，40载的悠悠岁月，40载与家乡教育的一起成长。当年那个4岁的孩子成了老师；当年想吃“飞鸡”的馋猫坐上了飞机，飞出了大山；当年的黄泥校舍被楼房取代……

40载，40载风雨历程，改革开放40年，给教育带来了勃勃生机。40载，我在中江教育这片肥沃的土壤里发芽、开花、结果，也见证着英雄故土一天天日新月异的变化。

我庆幸，改革开放40载，我与中江教育一起成长！透过40载教育的变革，我分明看见：科技兴教、科技强国正一步步圆着中华民族的复兴梦！

09.

我与柏杨小学的故事

苍溪县龙山镇柏杨小学　李立标

1978年到2018年，弹指一挥间，但40年改革开放惊天动地，40年祖国发生了天翻地覆的变化，40年我们教育人沐浴着改革开放的春风。40年是一幅恢宏而壮丽的画卷，令人荡气回肠，心潮起伏，感慨万千，作为改革开放的见证者、参与者和受益者，我不由得回忆起那艰苦的教育年代。

孩提时代向往着的柏杨小学

还记得那个早晨，太阳刚刚从山上露出脑袋，喜鹊一个劲地叫着。寒冷的风顺着我那破旧的棉衣直往里钻，但我还是高兴地在院子里窜来窜去，因为妈妈要带我去爸爸工作的柏杨小学，这怎么能叫我不激动呢？

吃过红苕玉米粥，妈妈认认真真地洗了脸，再换上那件已经穿了好几年还是崭新的碎花棉袄，我们就向学校进发。一路上，妈妈兴奋地不停地说着话，无非都是给我讲着那些总也讲不完的柏杨小学的历史：柏杨小学又叫树人小学，由乡贤杨建儒创建于1942年，他为开启民智，重教兴学，更名为杨树人，两间不足20平方米的房屋就是学堂，一位私塾先生在七邻八乡的捐赠中艰难维持。

开明的外公外婆送妈妈到树人学堂读书。在学堂，妈妈不仅学了知识，

更重要的是在这里遇到了儒雅帅气的爸爸。每次说到这些，妈妈的脸上总会浮现少女般的羞涩。后来妈妈因为一些原因离开了心爱的学校回到了家里。妈妈总说柏杨小学是她的福地，还叫我一定要好好读书，长大以后也要像爸爸那样去当老师。小小年纪的我不懂得什么是福地，更不懂得妈妈对学校的向往，只是每个期末去学校，都有数不完的乐趣。清幽的校园、高大的树木、雅静的木楼、清脆的钟声、和蔼的老师、友好的同学以及散学宴上的美味都是我童年最美的回忆。

在妈妈的絮叨中，柏杨小学便展现在了我们的眼前。从乡政府楼上旁边到有玫瑰花丛的台阶处，再爬上二三十级台阶，往右便到了学校门口。校门外台阶左边坎上有一丛长得茂盛的玫瑰，每年都会给校园带来一抹幽香。顺着台阶再往前直走，便能去大操场，但我是不会去大操场的，因为校园内就有无穷的乐趣。

一进门便是一口大水缸，石缸上斜倚着一棵古老的桫椤树，这棵桫椤树比柏杨小学的历史还长，它见证了学校的修建和发展，“沉舟侧畔千帆过，病树前头万木春”，现在它已不能支撑自己，就靠在大缸上。粗大的树干已经变得有些衰朽，树心全空了，看不出有力的样子，但枝叶还很繁茂，绿绿的，像柳枝般下垂，有些婀娜。

往右边是一株健壮的万年青树，树干粗壮枝繁叶茂，特别是七八月结果之后，红红的小果在绿叶间甚是好看，这是当年学校刚刚落成时杨树人校长亲手栽种的。往前五米有几棵挺拔的梧桐树和洋槐树，中间放根竹子做成爬杆，供学生们锻炼身体。

学校内院不大，但花草树木繁茂，显得十分清雅。内院北边是两栋木结构的教学楼，南面也有一栋木楼，紧挨着乡政府大礼堂。爸爸的宿舍里有好多好多的书，妈妈一看见书就挪不动脚步了。我可待不住，满校园去找爸爸，他正在上课，我趴在窗户上看一眼算是和爸爸打过招呼了。一回头我发现校门外有根水泥电杆，便像猴子一般爬了上去，不多时下边传来一个颤抖的温柔的声音：“喂，小朋友，你小心点，别掉下来了哟！”我向下一看，是一位长头发的女老师，便一溜烟顺着电杆滑下来，跑开了，后来从爸爸那里知道了那位长头发的女老师是重庆来的知青，在柏杨小学当老师。

再后来的一个九月，在柏杨小学，我也开始了自己的学生时代。那位长头发的老师成了我的启蒙老师，在她的教导下，我完成了由调皮鬼到学生的转变。

一年后父亲工作调动，我离开了美丽的柏杨小学。在村上基点校读书到小学毕业。这五年间，虽然我没能回到柏杨小学去看看，但我从父亲的口中得知，1984年柏杨小学初中部被分离出去，成立了柏杨乡初级中学，那时候读初中要参加选

拔考试。

小学毕业那年，我参加了升学考试，考得怎么样我记不太清楚了。只记得有一天傍晚父亲从学校回来，甚是高兴，一直沉稳内敛的父亲老远就对母亲说："我们家三儿考上初中了！"此消息一出，全家人都喜形于色，特别是两个哥哥更是高兴得手舞足蹈，因为全家人不用为我念书要缴插班费而节衣缩食了，更不用找初中学校的领导老师说情走后门。同时还有一个天大的喜讯传来，小学毕业的那个暑假，土地包产到户了，这下大家都像打了鸡血似的拼命地干活，家家户户都早出晚归，大家都说："就是再苦再累都值得，这样才能自己有。"自此我家也告别了年年社补还是吃不饱饭的日子。家境也渐渐好转，父亲为了上班方便也买了一辆飞鸽牌自行车。

青春奋斗时期的柏杨小学

离别五年，这次我以初中生的身份又回到了柏杨。走进学校，两排平房，分别是教室和学生寝室，再往上走，是舞台和老师们的宿舍，校舍虽然简陋，但十分洁净，有着一份浓浓的文雅之气。学校教育教学成绩年年攀升，特别是1986年中考，柏杨中学取得了前所未有的好成绩，一跃成为全县的窗口学校，老师和学生个个干劲十足，常常是上一节课还未结束，下一堂课的老师已早早在门外等候了。

在我初中毕业那年，学校为了提升老师们的工作积极性，经多方争取，终于撤去了一排旧平房，建起了柏杨镇第一座砖混结构的三层住宿楼，极大地改善了老师们的生活环境，老师们个个喜上眉梢，工作起来更带劲了。

改革春风吹满地，柏杨小学也迎来了发展的一次重大机遇，学校发生了很大的变化，撤去了原有陈旧的校舍，新建了一座三层共12间宿舍的教学楼，两边配套了18间教师宿舍。就是在这艰苦的环境里，磨难的岁月中，我发奋学习，不忘妈妈的嘱托，以优异的成绩考入了向往的师范学校。

默默守望下的柏杨小学

邓小平南方谈话后，改革开放进一步深入，我以优秀的学业成绩结束了三年的师范生活，又回到了曾经青春奋斗过的柏杨小学，成为一名光荣的人民教师。

1993年9月，我正式踏上了工作岗位，学校安排的宿舍就是我初中毕业那年新建的楼房，从此我便有了自己的生活空间。课堂上学生们还都坐着老式的桌凳，不过教室里都安上了电灯，再也不用像我们以前，上晚自习时要点着煤油灯，一晚上的自习下来，鼻孔被熏得黑黑的。现在多好啊，开关绳一拉，教室里全亮了。学生的住宿还是没有什么改变，和我上学时差不多，是用教室改建的学生宿舍。学生还是自己带米蒸饭吃，每个学生都带一口木箱装米和咸菜，因此学校到处都是老鼠，就连白天的时候也能在学生宿舍门口看见肆无忌惮的老鼠三三两两互相串门。虽说条件艰苦，可学生们的学习劲头比我读书时还足，柏杨小学教学成绩年年优秀。

改革开放的春风，吹绿了祖国的每一寸山河。20世纪90年代，人们的生活质量大为提高，学校也有了新的变化。国家普及九年义务教育，从1996年开始，初中招生不再进行升学考试，六年级毕业的学生自动到初中就读。随着生源的增加，学校新建了教学楼和学校食堂，学生的学习生活条件算是基本满足了。

学校为谋得更好的发展，2002年，柏杨小学和柏杨中学合并为柏杨学校。2003年，为改善老师们的住宿条件，学校集资修建了教师宿舍楼。这样学生的住宿问题也一并得到解决。搬进新宿舍的那天，我四岁的儿子一本正经地大声宣布："学校这几年变化好大哦，我们的学校好美哟，我以后长大了也要当老师，也要来柏杨小学教书。"稚嫩的童音惹得我们全愣住了，半晌过后他妈妈搂着儿子激动地说："我儿子好样的，将来一定能当老师的。"2018年高考过后，儿子毫不犹豫地填报了师范院校。

天有不测风云，正当学校工作在有规模有起色的时候突遇“5·12”大地震。学生放假，老师们抗震救灾，没有人闲着。学校操场搭建起了一排排板房，在很短时间里学校复课，老师同学们都在板房中上课、学习、休息。八级地震没有动摇老师同学们追求卓越理想的决心，全国同胞众志成城的抗震救灾精神，更加激发了全校师生的工作学习热情。在灾后重建过程中，柏杨小学结合后来的教育均衡发展政策，学校的硬件设施有了很大的改善。学校新修建食堂楼，新建幼儿园、学生公寓楼，每个教室安装了先进的电子白板。柏杨小学教育成果丰硕，在党的好政策的指引下，柏杨小学办了让人民真正满意的教育。

我与柏杨小学有40年的不解之缘，见证了她的沧桑与巨变，也收获了幸福。40年众志成城，40年砥砺奋进，40年春风化雨，40年壮丽辉煌。中国改革开放40年在各个方面都取得了极其光辉的成就，如秋天的稻穗飘香原野，像温柔的话语沁人心田。

10.

一家三代人的高考日记

广元市昭化区实验小学　周　欣

老高，高跃进，生于1952年。据说小名叫狗蛋，上学时，恰逢“大跃进”运动，老师便给他起了这个很革命的名字。1977年参加高考，是高家考一代。他的口头禅是“我参加了七七年高考”，语气中充满了炫耀与自豪。

大高，高开放，生于1974年，原名高爱国，上学时恰逢改革开放的好时代，他爸高跃进当年是村里唯一的文化人，就给独生子改了一个顺应时代要求的名字。1992年参加高考，是高家考二代。

小高，高新，生于2000年，他爷爷高跃进说他是跨世纪的新一代，又生在正月，因而得此名。人长得高大英俊，他爸高开放是一所高中的校长，也曾有同学暗地里叫他“高富帅”。2017年参加高考，是高家考三代。

老高自小酷爱文学，喜欢读书，喜欢写日记，把自己的喜怒哀乐都记下来，同时也很武断，要求自家的孩子打上学起就必须写日记，连对最疼爱的孙子也是如此要求。

习惯成自然，一家三代人都养成了写日记的好习惯，就连紧张的高中复习和考试期间也没落下过。因此，我们能非常幸运地在这里看到这一家子三代人的高考日记。

1977年10月21日　星期五　天气：晴

“认真看书学习，弄通马克思主义。”（注：这是当时日记的标准格式，每则日记前必须写毛主席语录或当时流行的标语。）

今天一大早，我看见几个城里人（注：城里来的知青）凑在一起嘀咕着什么。走近一听，原来是说恢复高考的事。中午时从大队的广播里我也听到了这样的消息。

国家真的恢复高考啦！我从小就喜欢文学，小学时成绩还不错。我始终记得校长的一句话：“我们是吃饭长大的，也是读书长大的，读书也是革命！”

这几年我虽然在坚持自学，但数理化实在是太难懂了，真还没学到什么。毛主席教导我们说：“你们青年人朝气蓬勃，正在兴旺时期，好像早晨八九点钟的太阳。希望寄托在你们身上。”

我已经下定决心，我要参加高考。排除万难，不怕牺牲，先做做父母和爱人的思想工作吧。

1977年10月30日　星期日　天气：晴

“下定决心，不怕牺牲，排除万难，争取胜利。”

我终于做通了父母和妻子的思想工作，他们同意我参加高考啦！今天我到县上去报名。报名的人还真不少，有的谈笑风生，充满了信心。有的像我一样，心事重重，有点儿焦虑。

报完名，我去新华书店买资料《数理化自学丛书》。可是资料早已脱销了。新华书店的同志告诉我大概还要一周才会有新书来。上一趟县城不容易，看来这资料是指望不上了。我一定要像毛主席教导我们的那样，排除万难，争取胜利！

1977年12月13日　星期二　天气：阴

“鼓足干劲，力争上游，多快好省地建设社会主义。”

考试终于结束啦！哎，除了语文我觉得考得不错以外，英语、数理化都不行。英语的很多单词、数理化的那些题目我都没见过。虽然我天天坚持自学，但我这半罐水实在是不行啊。毛主席教导我们说："雄关漫道真如铁，而今迈步从头越。"我还要坚持自学，明年再考！

高考失利的老高，虽然坚持了自学，但上有父母的反对，中有妻子的不支持，下有嗷嗷待哺的三岁小儿，加之数理化实在是深奥难懂，没能坚持到第二年高考就作罢了。

他在小山村务了一辈子的农，因爱看书，自诩是个文化人，加上能说会写，当过生产队的队长，当过村里的文书，每逢村里哪家有个大事小情，写写对子，有时还友情客串一下知客，帮主人家料理料理，也算书没白读，起到了一个乡村知识分子应有的作用。每年寒暑假，只要碰见上高中的学生或家长，他总爱津津有味地讲起七七年参加高考的壮举，不管别人的感受，总让人想起《祝福》中的祥林嫂。

1992年5月13日　星期三　天气：晴

今天，我们班召开了高考报名动员会。我是家中的独子，我不想离开父母太远，又擅长理科，所以我想报考一个省内的农业学校。邓小平爷爷南方谈话说，"发展才是硬道理，要坚持改革开放好政策100年不动摇"。现在城里发展得越来越好，我相信通过我的努力，繁华的城市一定会有我的立足之地。

从今年秋季读大学就要自己全额缴费了，我一定要努力学习，考一个好的学校，这样才对得起父母辛辛苦苦挣钱供我上学。听说师范学校还是免学费的。高开放，你作为农村人，报考师范学校也是很不错的嘛。

1992年7月2日　星期四　天气：小雨

复习太紧张啦。虽然国家实行"3+2"政策，但对于我们来说，这意义好像并不大。老师像疯了一般逼我们学，我们学习的压力一点儿也没有减。前两天才进行了模拟考试，我成绩还不错，考了全班第二名。

继续加油吧，高开放，我相信你一定会考取你理想中的学校。老师天天说时间就是分数，我们也知道时间对于我们来说意味着什么。看着黑板上的高考倒计时牌，我暗暗地对自己说："加油加油，坚持就是胜利！"

1992年7月10日　星期五　天气：雨转晴

高考终于结束啦！昨天晚上，班主任老师组织我们召开了本班最后一次班会。科任老师来了，学校领导也来了。最让我记忆深刻的是我们年轻的班主任讲的一席话。他深情地对我们说："弟弟妹妹们，高中三年让你们辛苦啦！但是我相信，这三年的辛苦，你们将会受益终生。这三年中，我对你们过分严厉，请你们理解。这是我作为班主任老师，职责所系……"然后二十五六岁的他哽咽得说不出话来，同学们报以热烈的掌声。班长作为学生代表发了言，他的文采好，善于煽情，在他优美的语句里，同学们哭得稀里哗啦。

成绩优异的大高同学不负众望，高出录取分数50分的好成绩考取名牌师范学校。大学期间，他品学兼优，入了党，大学毕业后，分配到家乡的乡镇中学当老师，是大山里飞回的第一只"金凤凰"。由于业绩突出，特别是在"5·12"地震中表现神勇，2010年，经双推双选，他被破格聘任为县里唯一一所高中的校长。他儿子高新就是在这所学校读的高中。

高校长爱给学生做思想工作，当有人做了好事，他会这样勉励："做一件好事并不难，难的是一辈子做好事。"当有人想放松学习，他会这样勉励："一时好好学习并不难，难的是一直坚持好好学习。"简单的话一到他嘴里这样一说，好像顿时变得有些深奥，充满了哲理。

2017年3月18日　星期六　天气：晴

今天学校召开了高考誓师大会。校长讲了很多的话，照样有充满哲理的一句话："大学扩招以后，上大学并不难，难的是上一所好大学呀！"老爸就是啰嗦。他讲的这些话，班主任老师已经讲过N多遍了。对于现在的高中生来说，我们早就在Internet上了解过了有关高考的这些政策。同学们都在底下窃窃私语，吐槽他浪费咱们宝贵的复习时间，搞得我怪没face。最后他还搞了一个超大规模的誓师活动，老师和同学们一起宣誓。那场面，简直就像赵本山和宋丹丹说的一个样，people mountain people sea，喊声震天，那是相当壮观。

也不能怪老爸和老师们苦口婆心三番五次地讲，我们是实验班，从今年起，高考实行“3+X”政策，有一些新情况。他们经常讲：你们是幸运的一届，好比长在一块试验田里，只能茁壮成长，不能草盛豆苗稀。实验，只能成功，不能失败。这倒没什么道理，实验嘛，难免会失败。

2017年6月1日　星期四　天气：晴

今天是六一儿童节。早上，学校街对面的一个童装店的喇叭放着儿童节大促销的广告。音乐很摇滚，声音很high，但约半个小时就没了声音。听说是我县无敌的城管队说店家扰民，特别是干扰正在紧张复习的高三学生，因此对店老板进行了综合治理。好感动，全国人民都在为我们好好复习创造一个好的环境，我们能不努力吗？我暗自要求自己要好好学习。

远处传来临近一所小学庆祝儿童节的音乐声。那么欢快，那么轻松，那么自由自在。好羡慕！可惜我们正在紧张地做最后一套模拟题。就像老师说的一样，我们生逢这样一个美好的新时代，能不奋发有为吗？要实现伟大的中国梦，能不勤学苦练吗？

今年实行“3+X”，我们有了自主选择的权利，听说以后还会不分文理科，外语一年还可以考两次，以最高分记入总成绩。想想都很美，盼着这一天早点到来，让我的学弟学妹们不像我们这般辛苦。

2017年6月9日　星期五　天气：晴

高考终于结束啦！昨天考试结束后，同学们都very happy。有的同学把所有的书本都撕了，从寝室的窗口扔了下去。三年来所学的沉甸甸的知识，随风漫天飞舞。当然，他们也受到了宿管阿姨的最后一次严厉批评。

晚上，全班同学召开了班会并一起聚了餐。班主任一改平时的不苟言笑，他仗义地说：“今天晚上我为大家服务，请大家放开手脚地吃，放开手脚地喝，放开手脚地笑。但不能喝醉！”这是高中以来同学们最听老师话的一次，大家都放开手脚地吃呀喝呀笑呀。还有几个多情的女生超常发挥，放开手脚地哭，为这场party增添了些许的伤感。

唉！三年，说长就长，说短也短，转眼就到别离时。

2017年6月22日　星期四　天气：阴

考试结束以后，我和哥儿们相约打了几天王者荣耀，基本过足了游戏瘾。昨天晚上分数出来以后，可忙坏了我们一家人。七大姑八大姨都来了，还请了几个高级参谋，虽然老爸是校长，此时也好像拿不定主意。七八个人又是推演又是计算，什么绝对成绩，相对分数，什么兴趣第一，专业优先，忙得不亦乐乎，要帮我选一个好学校。

老爸当年想上农业院校，因为家中没钱未能如愿，现在我主意已定，我要完成他未了的心愿——要上农业院校。现在我们国家非常重视“三农”，出台了很多好政策，农村很多地方还是处女地，等待着有识之士去开发。农村这片广阔的天地，肯定会让我大有作为。

长江后浪推前浪。小高同学果然成了实验田里茁壮的一株苗，成绩远远胜过当校长的大高。这个成绩，本来可以上一所更好的大学，可是一家人拗不过心系“三农”的小高。通过大家的精心推演和计算，小高以高出录取线2分的成绩被名牌农业院校录取。真正做到了分尽其用，没浪费好成绩，一家人倒也欢喜。

后记：改革开放40年了，高考恢复后也在不断地改革。这其中，看得见教育的影子，也看得见我国改革开放的伟大历程。谨以此篇献给40年来改革开放的参与者和见证者。

11.

四十载如花

——记改革开放中白鹤小学的变化

苍溪县白鹤乡小学校　戴智勇

往　事

童年的时候，我最快乐和难受的地方都是学校。

学校是由戴家祠堂改建而成，祠堂里的石板上还隐有不认识的字，有文化的大人说那是戴家的族训。祠堂改成学校后叫“白鹤乡柳池小学”，设小学部和初中部。

学校周围有几个光秃秃的小圆土包，连草都舍不得长出来，像一个品字把学校护着。教室布局像一个单留一边的口字形，雕花的木头窗子比我们高出一截，趁着老师不在，同学们像猴子一样爬上桌子，从窗孔看老师的行踪报告给同学们，是我们那个时代最惬意的事。

夏天里总有快乐，校园里的几棵叫不上名字的大树，铺开深绿的枝叶，半个学校都充满了绿意，青灰的瓦脊上的狗尾巴草也在风中高兴地摇头晃脑。

我们早早地来到学校，坐在教室里。一阵阵读书声从窗洞里飘出来，麻雀也不时飞来，停在窗户上，好奇地看着我们。等到大家转头停下时，它又忽地一下飞向云端了。

等到第三节下课时，肚子饿得咕咕直叫，我们总盼望着自己能派上“出

饭笼”的任务。但凡谁家有喜事，饭盒里都会塞进酥肉、肉坨，大家都狼吞虎咽、兴奋不已。

最令人难受的是冬天，我穿着母亲纳的布鞋、一条有着破洞的单裤，坐在教室里。外面的冰柱在阴冷处挂着比手指还粗，寒风从窗孔里往里钻像刀子一样，手指冻得伸不直，特别是脚，像冰块一样又冷又硬，一阵阵生疼，直到早春结束，大家的手脚才停止流脓淌水。

下课的时候，老师们全都跑到厨房去，围着灶台扯闲谈。孩子们呼的一下，全跑出来，人贴人挤在墙角，口里叫着、闹着，拼命地往里挤，似乎要把墙角挤垮。等到“挤香油”的游戏玩得身上暖和了，大家又一下散开，在石头乒乓台旁，“土豪户”拿个木拍，“贫困户”手拿一本书或干脆光着手掌推来挡去，也玩得兴高采烈。有的拿出大人用铁丝做的铁环，排成一队，在校园里转了一圈又一圈。还有些什么也没有的，干脆玩起了摔跤，摔倒了又起来，身上的黄土抖了又抖。

老师们还真有些本事。每个老师都练得一手在钢板上刻蜡纸的本事，拿着油印机的滚筒，铺好刻好的蜡纸，沉住呼吸，向前一滚，一张张卷子散发着油墨的香味，寄托着老师和大人们的希望，写下我们对老师的回报。

大家心里也知道哪个老师刻得好，哪个的字漂亮。至今记得向老师写得一手好字，但凡乡上、村上开会，都会把他请去露一手，在大家的啧啧声中，得意地展示他文化人骄傲。

张老师闲时喜欢拉二胡，那二胡声似马蹄声，似有人在诉说。夏天的夜晚，悠扬的曲声总会招来附近的村民在学校听了又听。

罗老师擅长画画，对人又好，只要哪家有喜事，都会把他请去免费吃一顿，他在送上祝福时，还会送上得意之作。直到现在，仍有一些长辈还珍藏着他的画，一代代述说着罗老师的本事。

师高弟子自然强。柳池村的孩子们自然不会差人一等，我们心里都有一个梦：要把老师的本领学过来。长大后，我们有的考上大学，有的搞了艺术，有的也成了教师。柳池小学成了我们心里最神圣的殿堂，柳池村成了远近有名的人才村。但柳池小学的样子始终没变，青灰色的房盖，吱呀作响的教室门，石头砌的乒乓台，枝繁叶茂的大树，外围的三个小山包似乎永远不肯长出一棵小草。

至今都还记得初中时候的学习生活。穷人的孩子早当家，不用大人多说，大家都鼓足了劲，要靠上学脱掉“农皮”，走出山村。特别的晚上自习的时候，最怕的是值日老师敲响挂在大树下的铁板钟，我们赶紧拿出备用煤油灯，任老师催了一遍又一遍，都想在教室里再学习会儿。几十盏微弱的灯，像天空的星星一样，忽明忽暗，在风中摇摆不定。

终于挨到初中毕业，预选前，班主任老师特意把我们几个叫出去：“你们几个，不准去报考中专，师范稳当些，学费国家包，吃饭不要钱，工作包分配，早点脱农皮，早给家里减轻负担！”

变脸

川剧的变脸讲究快，学校的变脸也挺快的。

改革开放十二年后，学校发展进入快车道。212线拓宽改道，柳池小学顺应迁址，更名为白鹤小学。

我已不再是学生，从师范毕业，在白鹤小学成为一名教师，正好赶上小平爷爷南方讲话，全国上下一片沸腾，改革进入快车道。

“尊师重教，百年大计。”“再穷不能穷教育，再苦不能苦孩子！”红色的标语总是醒目地刺着双眼。

一棵棵大树倒下，一排排砖混结构的校舍拔地而起。新教室、新桌椅、新观念，一切显得那么新鲜，那么急切。

家长们纷纷外出，连过年都难得回来一趟，听说外面的世界很精彩，城市里的道路越来越宽，楼房越来越多。在家的老人聚在一起，也谈的是哪家的娃出去当包工头了，哪家的修了楼房了，哪家的开了新车回来。

孩子们冬天都穿上了厚厚的新棉衣，肚子也不再咕咕地叫。说也奇怪，天气也不冷了，冬天倒想看看倒挂的冰柱，但似乎成了奢望。

“留守儿童”“空巢老人”这些新词越来越熟悉。

县城职中开办了电脑课，听说学了后印制试卷方便多了，学校看我年轻，派我去把技术学回来。

“这是一批386微机，支持它们运转的系统软件Windows95，大家首先要学习DOS操作系统，然后再学习文字编辑应用软件。”职中老师说。

就这么几句话，可把几十个受培训的土包子难住了，云里雾里的，像听天书，有的干脆回去换人，有的下定打恶仗的决心。

一月之后，我在学校办公室打印出第一张试卷时，所有的老师都来了，传在手里，人人都在发表意见，比校长扯破喉咙喊开会还齐。

一切，来得比风还快。386、486、Windows98、Windows2000、

WindowsXP，让人眼花缭乱。图书室、音乐室、美术室、留守儿童之家，孩子们乐不思家。

有人下结论，农村最好的房子是哪里？是学校。

迷 茫

世事真是奇怪。贫穷时家家拼命送娃读书，有钱时反而不那么注重读书了。社会越来越开放，农村的人外出实现价值的机会越来越多。

李大爷说："老师，不要把我家乖孙管狠了，他爸没读几句书，照样挣得到钱。"

王姐说："读那么多的书干啥，早点出去混才是硬道理。"

李家的孙子初中没读完，就跟着他爸出去闯荡，听说在局子里进去又出来，出来又进去，最后干脆进去不出来了。

王家的孬蛋，当了几年包工头，车子换了又买，买了又换，现在连自己都不清楚开过多少车了。

家家户户都有人外出，年年都有人回家修楼房，一家比一家修的好看。电视、电话、手机、小车就像雨后的春笋一样，越冒越多。

人们就像赶集一样，纷纷涌向城市。

曾经兴盛时一千多人的学校，几年时间，人数只剩下不到一半。

学校栽的观赏树，不知什么原因，居然死了两三棵。

学生都没了，还要那么多老师干什么。转行的转行，借调的借调，有关系的找关系，没关系的只得继续敲钟。

白鹤场周家四博士的励志故事仍被老人们口口相传，但校园宣传栏的文字故事，孩子们在旁边跳来跳去，竟没一个人抬头读读。一切都显得那么遥远，那么不合时宜，文字也很无奈，一天天孤独地苍白下去。

一天，班会课上，我问九年级孩子们一个问题："有没有长大想当老师的？"我多想有更多的孩子能像我一样。

等了好久，每次都倒数第一的王智林给了我一个面子。"老师，他们都不想当老师，长大后我想当，行吗？"

全班哄堂大笑，我呆若木鸡，笑不出来。

教室的外墙缝，居然长出一棵野草，还挺茂盛的。

前 路

敢问路在何方？

城市反哺乡村，大力振兴乡村。

一声号召下，白鹤小学在短短几年之间，换了新颜。

投资近200万的学生食堂拔地而起，孩子们高兴地坐在饭桌旁吃得津津有味。

功能室一个比一个漂亮，音乐室里钢琴和电子琴共同奏出悠扬的乐声，架子鼓被孩子们玩得疲于应付，舞蹈室的镜子映出绚丽的舞姿，书法室的作品散出淡淡的墨香。蓝色体育场上刀飞剑舞，银球跳动。

互联网教室，成了孩子们最喜欢的乐园，网页制作、上网冲浪、电子贺卡、网络交友，来得比风快，来得比浪猛。

一批批风华正茂的大学生，像校园里的春花、夏柏、秋菊、冬梅，来到这里成长，伴随着孩子们长大。

学生一天比一天多起来，家长的笑脸一个比一个更灿烂。

“现在的孩子幸福啊，天天有免费的营养餐吃，读书还有生活补助呢。”

“我们读书时的黑板也不见了，听说已经叫白板了。”

“我家的娃娃回家教我用手机，教我网上购物，教我弹电子琴，比我们强多了。”

……

油印机、煤油灯、铁板钟，伴随着时代的洪流，搁在记忆的最深处。

互联网、节能灯、自动控制音乐系统，跟着发展的脉搏，跳动在记忆的最前端。

我站在讲台前，思考一道物理题的解法。冷不丁教室里冒出一句：“老师，用‘度娘’啊。”一时，我竟然被时代落下了。

十年、二十年、百年后，白鹤小学会变成啥样呢？

12.

两代人眼中的教育变迁

叙永县马岭镇初级中学校　李　昕

40年前，一个阳光明媚的日子，一位老人大手一挥，在南海边上画了一个圈……我没能赶上那40年前的阳光。年轻的人想着那40年前的阳光该是灰暗萧瑟的，像片片白云中弥漫着滴滴水珠，朦胧而又迷糊。在中年人的回忆中，40年前的阳光是温暖和煦的，像黑暗中闪耀着忽隐忽现的希望。隔着40年的辛苦路往回看，改革开放40年来中国发生了翻天覆地的巨变。

改革开放于我而言，既是一种遗憾，又是一种幸运。遗憾的是，作为90后的我错过了那一个春天、那一位在中国南海边上画圈的老人，没能有机会从1978年开始便亲眼见证我国改革开放40年来翻天覆地的巨变。但正因如此，从一出生，我便沐浴在改革开放那温暖和煦的春风之中。随着年岁的增长那股春风越吹越暖。更为幸运的是，记事以来我从父亲口中听说了许多与改革开放有关的故事。说到改革开放，每个人都有着不同的感受和触动，在此，我想分享父亲和我两代人眼中改革开放40年来教育上的发展与变化。

父亲眼中的教育旧貌

1966年，父亲出生，改革开放尚未起步。

在四年前的一个下午，我陪同一直忙碌于工作的父亲去接放学的弟弟，走进教室的那一刻，多媒体、电子白板映入眼帘，突然听见父亲感叹道：“改革开放40年来教育上真是有了翻天覆地的变化啊！”

在父亲的记忆中，似乎“泥”是中学的最佳代名词，所有的一切都和泥紧密相关，泥马路、泥屋子、泥桌椅、泥孩子。

那时的学校是一间几经翻修的荒废寺庙，泥土糊作墙、泥片翻作瓦，水泥黑板斑驳不平，课桌不仅破旧还有虫蛀，窗户上也没有安装玻璃，为了避寒，教师用学生写满字的纸张将窗户糊上，天热了便揭下来，通通风。为了按时到校，父亲总是天不亮便从家里出发，直到天已大亮才能到达学校，晴天一身灰、雨天一身泥。

那时的学校只有一间校舍、一个班级、一位教师。校舍仅仅是一间狭小的屋子，里面坐着不同年级的学生。这些学生在同一位教师的带领下一同学

习。父亲曾说那样的上课方式叫作“复式班”。年幼无知时，我以为“复式（试）”是教师为帮助学生复习的一种方法，直至成为一名师范生后才明白何为“复式班”。

那时的教室里，一块小黑板、一支短粉笔便是教师书写的全部工具，教师、学生无一幸免，都被充斥整个教室的粉笔灰弄得一身脏，不像现在，教室里有了电子白板和无尘粉笔，书写更加方便也更加健康了。

老屋的隔壁有几位和父亲年纪相仿的邻居，如今他们都赋闲在家，无事可做。听父亲说，他们曾经是老师眼中十分优秀的学生，谁曾想没能遇上好的时代，家庭贫寒兄妹颇多，被迫辍学，年纪轻轻便开始挣钱养家。父亲总说，若他们能遇到现在这般好的教育政策，肯定能改变命运，有所作为。

父亲总说，现在的教育真是有了翻天覆地的变化：教室越来越宽敞明亮，硬件设施越来越科学，老师的教学理念越来越先进，学生的学习科目越来越齐全，学生的课外活动也越来越多样……

所有的改变都得利于40年前那一次伟大的事件——改革开放。改革开放让读书受教育这件神圣的事离中国每一个普通人不再遥远，改革开放让每一个心向学习的人有书可读。

我经历的教育故事

1995年，我出生，改革开放已在途中。

40年来在改革开放的浪潮中，国家的各行各业都有了翻天覆地的变化。而教育的变化，我更是深有体会。

初中时，老师时常持着一支粉笔、拿着一本教材在教室授课，那块单调的黑板是他们书写知识地方，整块黑板写满了便用黑板擦擦掉再写，一堂课下来，老师头上、衣服上沾满了一层白白的粉笔灰。还记得那时的体育课，老师把我们简单集合，让我们绕着操场跑几圈后便让我们开始自由活动。一时间，狭小的操场上好似千军万马奔驰而过，尘土飞扬。几根跳绳、几根木棒、几十个同学，怎么等也轮不到自己使用，只能在尘土飞扬的操场上散步。

2018年，我已是一名人民教师。此时已是改革开放40周年。

刚出校门的我，有幸来到叙永县马岭镇初级中学校任教。走进校园，一幢幢高大的教学楼、宽敞明亮的教室、先进的硬件设施，理化生实验室、多媒体教室、微机室、图书室、体育室……应有尽有，早已不再像那时只有简陋的教室、落后的器材。

闲暇时间，静坐思考。从曾经斑驳不平的黑板到现今先进智能的电子白板；从曾经人工朗读到现今播放录音；从曾经奋笔疾书到现今多媒体呈现……所有的变化，无不在告诉我们——改革开放40年来教育上发生的翻天覆地的变化。

每所学校都在打造能彰显自己特色的校园文化，标准化的篮球场、图书室、社团活动室、微机室……所有新设新增硬件设施为学生的学习生活带来了方便，更帮助学生提高了能力、开阔了视野。

早年教育部提出对基础教育进行课程改革，顺应时代要求，我所在的马岭镇初级中学校一直以来强推课改工作，结合学校实际设计出“三步四环”教学模式。

“三步四环”教学模式一改从前教师“一讲到底”“一言堂”的课堂教学模式，将学习的主动权还给学生，让学生成为学习的主人，自主学习、充分挖掘自己的潜能。课前认真自主预习，课中积极讨论交流，课后主动巩固复习，让学生在激烈的讨论中充分调动自己的积极性，引导学生积极认真自主学习。看着课堂中自主思考、积极讨论的学生，我想到曾经的自己，今昔对比，突然很羡慕他们。在学校学习中，他们成为学习的主人，能够及时表达自己内心的想法，并得到教师适时地点拨与引导，而不像那时的我只能够听老师不停讲、自己不停记。

在转变课堂教学方式的同时，各个学校也越来越重视学生的课外活动、培养学生的课余兴趣。课业学习已经不再是唯一的学习内容，各种有利于学生德、智、体、美、劳各方面全面发展的活动越来越多，艺术节、表演晚会等活动开阔了学生的视野，各种各样的特色社团活动为学生提供了多个培养兴趣爱好的机会。

现在每所学校都争相立于教育改革的潮头，强推课程改革工作。在长期的工作实践中，我所在的学校形成了一系列行之有效的管理制度——学生自主管理模式。让每位学生做最好的自己、展现自己最好的一面，为自己的应担的职责负责。让学生在自主管理中养成自主成习、勉励自觉、自主自强的优秀品质，让学生真正成为“主人”，具备主人翁意识。

看着自主管理委员会的同学们各司其职，将学校各项事务管理得井井有条时，我很佩服他们，能在完成课业的同时，将自己该做的事做得很好，在各项学生会工作中不断提升自己的能力。也曾感叹，多希望曾经的自己就是他们，在认真完成作业的同时也能提高自己的能力。

40年，在历史的长河中，或许只是弹指一挥间。但是，这40年来岁月峥嵘，40年中春华秋实。

无论是恢复高考为所有心向求学的人重开了求知大门，还是课程改革为所有认真求学的学生提出了新的要求……所有的一切都在告诉我们：中国的教育在改革开放这40年来经历了许多，也发生了巨变。

在父亲和我两代人眼中的改革开放40年来教育上的发展与变化，好似大海中的一滴水，但从一滴水的变化中能窥见整个大海的发展。

40年前的阳光早已消失，40年前的落后也被改变，然而40年前的故事还没完。教育改革如火如荼，教育事业定将焕然一新、再放光彩，未来的教育必然更加美好！

13.

写入父亲青春里的改革

泸州市先市中学　严　艳

我是一名80后，从生下来的那一刻就赶上了改革开放这趟列车，乘着改革开放的春风，坐在改革的列车里。我一路看到美景无数，听到夸赞此起彼伏。从我记事起，所见所得皆是改革之果。

父亲的青春洋溢在20世纪70年代

1978年，父亲20岁。那年，父亲考上了大学。他是兄妹七人中唯一上完高中的人。父亲的人生轨迹随着祖母的一场大病而改变。穷，是当时中国老百姓普遍存在的生活现状。窘迫的家境让祖母看不起病，更别说供父亲上大学。于是，父亲不得不放弃了上大学的机会，在电力工人和教师这两个职业之间，毅然决然地选择了做一名民办教师。

父亲说："我的老师，是'解惑者'。因此，我也要站上讲台成为别人的'解惑者'。"

父亲第一次站上讲台，教室里却没有几个学生。经过询问得知，孩子们都去公社帮家里挣工分去了，肚子都填不饱，哪里还顾得了上学？父亲转身在破旧的黑木板上写下"你好！"。在一片稀稀拉拉的读书声中，父亲完成了他人生的第一次授课。

1978年12月，中共十一届三中全会召开，我国进入以改革开放和社会主义现代化建设为主要任务的新时期。

1978年，不仅是我父亲命运的转折点，也是所有中国人命运的转折点。

到了1979年春天，新学期所带来的新气象是教室里坐满了孩子。小镇上的人们，能听见远处山坡上小学校传来的琅琅书声。父亲满面春风地站在讲台上实现着他的人生理想。

上学的孩子逐渐多了，可学校里却只有两名老师。孩子们年龄不一，得分段教学。于是两名老师便开启了“复式班”教学的工作模式，春夏秋冬，循环往复。

父亲的青春挥洒在20世纪80年代

1986年，第六届全国人大四次会议审议通过了《中华人民共和国义务教育法》。这是中国历史上第一部普及义务教育的法律，它的颁布和实施，开创了中国教育的新纪元。

1988年，父亲30岁，已有十年的教育工作经历，这十年里，父亲先后在三所边远学校工作过。在我模糊的记忆中，父亲总是天蒙蒙亮就出门，披星戴月，很晚才回家。他的上班路程实在是太远，且全凭一双脚去丈量，除去翻山还得坐船。

父亲的上班之路，是孩子们的上学之路，也是“劝学”之路。

一开始，父亲会沿途叫上他的学生们一同去往学校，一路书声对答。后来，学生们会主动在码头、路口、家门前等着老师的到来。放学后，父亲还会沿途做家访，动员家长让孩子上学。在父亲的努力下，他任教的学校控辍保学工作取得了很好的效果。

《中华人民共和国义务教育法》给所有孩子带来了福音。可是农村的孩子在上学之余却有很多很多家务琐事需要做，如带弟弟妹妹、做家务、田间劳动等，所以每到期末，大多数孩子的成绩总是不甚理想，拔尖的只有一两个。此时父亲便会感慨："种豆南山下，草盛豆苗稀。晨兴理荒秽，带月荷锄归。道狭草木长，夕露沾我衣。衣沾不足惜，但使愿无违。"

父亲的青春蓬勃在20世纪90年代

1993年，党和国家正式将基本普及九年义务教育，基本扫除青壮年文盲作为20世纪90年代我国教育发展的重要目标。

父亲乘着教育改革的春风，坐上了去往省城师范学校的汽车。没上过大学，是他的遗憾。教了15年的书，他终于可以接受正规的系统的教育学习。父亲说这叫"失之东隅，收之桑榆。"

父亲从师范学校学习回来之后变化很大。他把他的所见所闻所感，迫不及待地和我们分享。他对同是教师的母亲说："邓小平同志在1983年就已经提出了教育要面向现代化，面向世界，面向未来。可我们这个地方太落后了，完全跟不上时代发展的脚步。我们要改变，必须要改变，要从我们的教育方法上进行改变。"

此后父亲的教学工作，除了完成基础教学任务之外，工作之余，他开始收集一切能收集到的世界的消息。他开始给学生讲世界发生的变化。他在山里孩子淳朴的眼睛里种下了好奇和向往。

1997年2月19日，中国社会主义现代化建设和改革开放的总设计师邓小平逝世。噩耗传来，举国同悲。父亲悲切地说："这位巨人，离我们去了！"

父亲在给学生讲解应用题的时候，说到解题方法，他总是会引用邓小平的名言"不管黑猫白猫，抓到老鼠就是好猫"来开拓学生的思维。

我想，父亲这辈子最敬重的人应该就是邓小平吧！

邓爷爷不仅是我父亲的"解惑者"，而且是全中国人民的"解惑者"！

1998年，父亲40岁，他的工作任务除了白天在学校授课外，晚上还要到搬运社给工人们讲课，这在当时叫"扫盲"。此时的父亲已青春不在，成为步入中年的大叔。他的教学更能引起工人的共鸣，却逐渐使少年产生了敬畏。

父亲的青春回响在21世纪

父亲已然是中年大叔，但他投入工作的热情却从未有丝毫的减弱。

进入21世纪后，国家先后采取免除义务教育阶段学生学杂费，向义务教育阶段学生免费提供教科书，对家庭经济困难的寄宿学生提供生活补贴等重大措施，全面实现了城乡免费义务教育，使所有适龄儿童少年都能“不花钱，有学上”，大大减轻了人民群众的负担。

为扶持西部地区410个贫困县实现基本普及九年制义务教育和基本扫除青壮年文盲的目标，国务院实施了国家西部地区“两基”攻坚计划，为西部地区新增校舍面积1200多万平方米，满足了210万新增学生的就学需求和寄宿需求，为西部地区学校配备了教学光盘播放设备，卫星教学搜索系统，计算机教室和多媒体设备，使西部农村孩子能上学，上好学。

在这样的大环境下，对父亲这样的老教师的考验是如何运用现代化技术手段教学。他们学校的老教师们成立了一个学习班，利用课余时间向大学刚毕业的教师学习现代化教学手段。父亲用一个本子非常仔细地记录了学习的内容，并在这个本子的封面写上“宝典”二字。

2008年，父亲50岁。学校缺化学老师，父亲就放弃教了20年的数学，主动承担教授化学学科的责任。这年夏天，父亲是在学校办公室和化学实验室中度过整个暑假的，而一个暑假的收获绝不仅仅是一本烂熟的教材。

父亲写了一幅字贴在他的书房，是毛泽东的《忆秦娥·娄山关》“西风烈，长空雁叫霜晨月。霜晨月，马蹄声碎，喇叭声咽。雄关漫道真如铁，而今迈步从头越。从头越，苍山如海，残阳如血。”

父亲的青春定格在新时代

2018年，父亲60岁。完成了一个人民教师的使命，光荣退休。

退休那天，他去了教室，站上了讲台。在液晶屏幕上写下“再见！”。他眼眶里饱含泪水，仿佛看见自己第一次站上讲台时那张青春洋溢的脸。

在他60岁生日那天，他的微信一直响不停。他的学生们纷纷发来祝福，对他这位“解惑者”的感激之情溢于言表。或许，这就是为师者最圆满的事吧！

父亲时常教导我说，当老师要多听听学生的声音；现代教学技术手段更新很快，你可不能够落伍；教学亦如逆水行舟，不进则退……

父亲观看《厉害了我的国》之后，立刻给我打电话：“你一定要让你的学生看这一部电影，一定要告诉你的学生，我们的祖国有多么的强大。今天的幸福生活，是如何奋斗出来的。作为老师，你有这个义务。”

呵，这个人民教师的心啊！

回顾历史，四十年前，中国开始追赶世界；二十年前，中国逐渐融入世界；如今，中国已在影响并改变世界。这是一个波澜壮阔、丰富多彩的时代。四十年呕心沥血、拼搏奋进，酝酿出一坛馥郁美酒；四十年风雨无阻、跋涉征程，塑造了一个大国形象。祖国日渐强盛，我们应豪情万丈，抓住机遇规划自己的蓝图和梦想，在中华复兴之路上展翅翱翔。

14.

三个人的高考记忆

宜宾市学校后勤保障指导中心　谢　润

1977年恢复高考，是许多人命运的转折点，也是中国教育的新起点，对整个社会产生了深远影响。恢复高考的过程尽管跌宕起伏，但最终迎来了尊重知识、尊重人才的春天。无数青年释放求知的渴望，摆脱命运的桎梏，借此机会进入高等学府，从此踏上新的征程。高考是一种公正、公平、公开的考试招生制度，是大学选拔人才的方式，是学生改变命运的路径，这对于每个人来说，是人生的一次历练，一代又一代人在这条路前进，记载了高考的改革历程。

母亲的记忆

高考步入正轨的20世纪80年代，考试时间是每年7月的7、8、9日。理科考试增加生物，英语正式列入考试范围。随后减少高考科目成为发展总趋势。国家开始实行不收费的国家计划招生和收费的国家调节招生并存的“双轨制”。

为解决考试内容、形式的不稳定性，国家从美国引入标准化考试。标准化考试对试题编制、考试实施、阅卷评分、分数组合与解释设置统一标准，严格控制误差，具有科学性、系统性，首先在广东进行试点，逐步在全国推行。

恢复高考之初，报考人数和录取人数差距甚大，高考竞争异常激烈。由于招生人数有限，学生需要进行高考预考，合格者才能踏入高考考场，考上的更是凤毛麟角，因此绝大多数高中生一毕业就直接进入社会工作。那时候的大学教育可谓“精英教育”。

姐姐的记忆

高考跨入发展的千禧年。从2003年起，高考时间提前一个月，安排在6月的7、8、9日。从教育部批准首批22所高校开展自主招生试点开始，人才选拔从单一形式走向多元渠道，改变长期以来“一考定终身”的局面。

自主招生有自主组织测试、自主招生联考、校长实名推荐等。符合条件的学生通过笔试、面试，可得到相应的高考降分政策，选拔优生实现了针对性和有效性。班里的尖子凭借自身优秀能力，通过自主招生的方式，提高考取的成功率，进入梦寐以求的大学，这何尝不是高校和学生的一种双向选择？虽然自主招生提高了录取率，但是一直备受争议。选拔名额不平衡、选拔条件不严谨、选拔程序不规范，选拔过程不透明，容易被贴上腐败倾向的“特招”标签。国家为优化高校招生计划，采取一系列措施规范自主招生，完善招生机制，强化信息公开，接受社会监督，严防弄虚作假，严惩违规操作。

当时，高考志愿采取估分填报的方式，在高考成绩出来之前对照参考答案估分并填报志愿，这成为众多考生继高考过后又一个选择的十字路口。估分是否准确，填报是否合理成为能否被录取的关键，正所谓“考得好不如报得好”。估分的不确定性和填报的盲目性，是高考成绩公布前填报志愿的风险因素。如果估分高，填报高，实际分数低，录取时容易遭遇落榜；如果估分低，填报低，实际分数高，则浪费高分，与名校失之交臂。当年姐姐估分不理想，为确保被成功提档，填报的是某二本学校，结果判定出现失误，实际分数超一本录取线，由于志愿无法再次修改，错过好学校和好专业成为她的人生遗憾。好在如今志愿填报的方式已由估分填报调整为据分填报，学生在得知高考分数之后可根据往年录取线进行填报。国家又推行平行志愿，大大增加了高考志愿实现的可能性。

我的记忆

高考进入改革的新阶段后，高校开始持续扩招。到2010年，升学率持续上升，许多人圆了大学梦，进入高校不再是件难事，侧重点已从能不能上大学转变为能不能上好大学。高校扩招向普及了高等教育发展，提升了国民文化水平，“大众化教育”显然成为中国教育的发展趋势。但是我们也应该理智地看到过度扩招带来的就业问题，从之前的本科生“香饽饽”到现在的本科生“遍地是”，一定程度上打破了大学毕业生的供求平衡。2012年，教育部明确提出今后公办普通高校本科招生规模将保持相对稳定，控制招生比例，提高教学质量，缓解就业矛盾。

我参加高考的那年实行“3+X”的考试模式，即“3+文科综合/理科综合”，没有外语听力考试，四川省自主命题。随着时代发展对培养多样化高素质人才提出的更高要求，高考改革“箭在弦上”，分类考试、多元录取、综合评价的考试招生制度为高考改革提供新方向。今后，四川将不分文理科，高考推行“3+3”模式，除了语数外三门必考科目之外，可从政治、历史、地理、物理、化学、生物6门科目中自主选择3科。外语科目将提供一年两考的机会，选取最高成绩计入，并恢复听力考试。高考各科由省份自主命题变为使用全国统一命题试卷。不同省份的高考改革，结合实际，时间、内容有差异，《四川省深化考试招生制度改革实施方案》的出台为四川高考改革指明了发展道路。

高考加分政策是学生、家长乃至社会关注高考的焦点之一。扶持类加分和鼓励类加分是加分政策的主要内容，是为扶持某类群体和鼓励某类行为而设定的“特殊”政策。只要满足条件，学生可以在高考成绩之外加上一定的分数。高中时期，身边大多同学希望通过政策惠利达到加分目的，发展艺体特长、参加各类奥赛、评选多种称号，为高考保驾护航。但是由于一些地方出现加分的种类多、分值重、造假严重等情况，引发了舆论对高考公平性的热议。为此，政策取消体育特长生、学科奥林匹克竞赛、省级优秀学生等加分项目，确保高考选拔的客观公正。当然，减少和规范加分项目不可一蹴而就，有序推进是步骤基调，严格控制是调整手段。另一方面，高校自主招生的考核时间安排在高考结束后，成绩公布前，高校联考、校长推荐也随之取消，进一步助推实现教育公平，促进科学选才。

如今，越来越多的家长热衷于送孩子去国外接受教育，高考已不再是唯一的升学路径。但是，高考仍然是我国目前最重要的人才选拔制度，仍然是每年数百万考生翻越的一座大山。回望来时路，你的高考记忆是什么？又折射出哪些高考大事件？从恢复高考到今天的41年里，高考制度不断改进完善，涉及方方面面，把学生健康发展作为出发点，把科学选拔人才作为落脚点，积极稳妥地推进考试招生制度改革。虽然面临诸多挑战，但是高考改革始终在路上！

15.

一家三代人的读书梦

眉山市东坡区三苏路小学　于春平

教育，永远是每个家庭的热点话题。改革开放40年，80后的我深深地感受到国家对教育设施的不断完善和对教育的重视。

父母无望的梦想

改革开放前，教育几乎不受重视。父母经常提起以前上学的事情，尤其是母亲，她上学时字写得很好，老师讲的题也会做，数学公式能灵活运用，但是为了帮助家里干活她不能去上学。

那时候靠全家种一亩三分地、养猪、养牛解决温饱问题，母亲每天需要去割草，喂猪喂牛，农忙时还要帮家里干农活，帮着带弟弟妹妹。

那时在家长眼里，学习不是很重要的事。如果不喂猪、不喂牛、不干农活，整天只看书学习的话，就要被父母、哥哥姐姐打骂还不给饭吃。无论母亲如何乞求，该回家干活还是要回家干活。母亲的学习就此搁下了。

经济基础决定上层建筑。在追求生存的年代，“不饿肚子”成了人们最迫切、最实际的需要，而读书解决不了眼前的温饱问题，还是家里一笔不小的开销，家里还因此少了一个劳动力。这笔账，生活在自己世界的农民算得很清楚。

封闭的世界，知识的缺乏，限制了人们的视野，“读书改变命运”不是机会，而是一个遥不可及的梦。最后，陪伴他们一生的就只有日出而作、日落而息的作息。辛勤耕作的田地，脸上爬满的皱纹是岁月的印证，无望的眼神是对无法改变的命运的妥协。

阳光照进我的梦想

千里冰封，万里雪飘，说的就是我的家乡哈尔滨。听起来很美，在我的幼小的心灵里留下了不可磨灭的印记。

犹记得上小学时，每当开学，爸爸就会给我200多元的学费，让我拿去学校交给老师。200多元，相当于当时一个农民家庭半年的收入。缴完学费，领了新书，新学期就正式开始了。

每当大雪来临时，我和姐姐就会深一脚浅一脚地互相搀扶着来到学校。一到学校就开始生炉子来温暖我们的教室，生炉子的木材棒子是妈妈和爸爸辛辛苦苦搬运到学校的。为了让教室的温度不低于零度，每当下课，老师就会去添木材。

老师和我们同一个村，农忙时节，他既要干田里的活，又要给我们上课，十分辛苦。当时，一个班有50多人，教室里挤得满满的。上课时，没有多媒体，终年陪伴老师的就是一根教棍、一盒粉笔、一块坑坑洼洼的黑板。每到冬天，我们都会很早放学，因为教室里没有电灯，非常阴暗。

我就这样懵懵懂懂地读完了小学。进入中学后，多了几门课程，我们第一次知道了地理老师上课时拿的是地球仪，知道了地球是圆的，就像发现了新大陆一样，也第一次接触到了英语，老师读的英语让我们陶醉其中，好似进入了另外一个世界。最为好奇的就是英语老师提来的大录音机，每次老师都反复倒磁带，带着我们读单词和课文。当时同学当中会说英语的人几乎为零，很多人考试分数很高，但就是不会说。

进入高中以后，我才接触到人生中的第一个电子产品——电脑。那时，每两个星期有一节微机课，上课时我们都很兴奋，因为只要用手去点击鼠标就会出现各种自己想看到的内容。但微机老师很凶，生怕我们摸坏电脑，这也不让我们碰，那也不让我们点，只能点他让点的文件；一节课只上20分钟，剩下的时间是老师操作。

相比父母的年代，我们是幸福的，起码不再因为干农活而被迫放弃学业，父母非常支持我们上学，把自己的读书梦寄托在我们身上，望子成龙。

优质教育成为孩子的现实

时间易逝，万事万物时时都在变化着。

我的儿子刚满三周的时候，周边的人都给我建议让孩子接受早教，我也是第一次听说早教这回事。孩子的教育很重要，孩子早教的书、绘本，我买了一大堆回来，边学边教孩子；在网上又下载了一对一的外教英语视频软件，每天给孩子听。

儿子上的幼儿园，使用多媒体教学，老师告诉我孩子们都还小，所以教学中主要以图片、动画形式来激发孩子的潜力。课间活动也丰富多彩，儿子每每放学回来都会开心地跟我分享：我们今天玩积木了、做手工了、出去秋游了……校外的辅导班，种类繁多，儿子完全可以根据自己的爱好去选择学习内容。

儿子进入小学三年级就开始学英语，教学中不再有录音机磁带了，老师可以用多媒体教学，播放PPT课件，一遍又一遍让孩子们去听、去读、去感受英语的魅力。学校的书本除了纸制版的还有电子版的，随时随地可看，不再因为带着厚重的书本而觉得不方便。自己的哑巴英语不可能教儿子，我就跟着儿子一起在网上学习发音、朗读小绘本等。儿子学习的同时，自己也把以前所欠缺的知识给补了回来。老师建起QQ群、微信群，孩子有不懂不会的题目，家长可以在群里咨询老师。

我不禁感慨科技进步真快，给想学习的人带来了太多的方便。教学体制也给更多的人带来了学习的机会。儿子这一代的未来，都会因为现在良好的教育环境而变得一切皆有可能。

改革开放40年来，改变的不仅仅是破旧的房子、泥泞的道路这些物质的东西，更是人们的生活方式以及观念意识等“内在”的看不见的东西。

在庆幸能享受着改革开放带给我们的福利时，一代又一代的人将沿着这条改革开放所铺就的智慧道路，去实现自己的梦想，去迈向更广阔的世界，去成就更精彩的人生。

16.

长在阳光下，沐浴春风里

绵阳市机关幼儿园　杜婉莹

40年，见证了我家三代教师的教育梦。40年来，“改革开放”实实在在地影响和推动着我的祖辈、父辈以及我自己的生活。

听爷爷讲那过去的故事

1968年，爷爷响应毛主席“知识青年到农村去，接受贫下中农再教育”的号召，回到农村务农。当时生产队缺教师，爷爷是唯一读过中学的人，被生产队聘为“民办教师”。一个昨天还在队里挑大粪的青年，今天就成了教师，爷爷感叹着知识改变命运。

当爷爷跨进校园时，他却一点也高兴不起来。看着眼前四面透风的教室，石板拼成的课桌，土砖砌成的板凳，用墨水染成的小黑板，一个个穿着破衣烂衫、光着脚丫的孩子们，他心里的凄苦无以言表。但“教师是人类灵魂的工程师”这一崇高的名言又激励着他要把工作坚持下去，而且立志要改变现状。

可现实却是教师早上要和社员一起出早工，夏天放学早，还要和社员出晚工，晚饭后还得和生产队的队员读报、教扫盲班。教师无法教好书，家长也不愿让孩子读书，教育事业难以进行。

直到1978年，我们终于迎来了社会主义的春天——改革开放。改革开放，不仅给予了爷爷那辈人最大的希望，最重要的是让他们看见了教育事业在改革的春风中得到了解放。爷爷也用余生教导了村子里一代又一代的孩子们。“长在阳光下，沐浴春风里”是爷爷那一辈最大的愿望。

放牛娃看见希望

随着高考恢复，年轻人的梦想又一次被点燃，教育也终于走进了乡野。原本每日只能去山上放牛的父亲，终于可以带着小板凳，背着我奶奶为他新缝制的布袋书包，光着脚丫子赶几十里路依然高兴地哼着小曲儿走进小学的校门。那时，村小办学条件艰苦，危棚简屋做校舍，学生没有学习用品，教师没有办公场所，学费全靠粮食充抵，但知识的传递已经开始。

1985年，国家颁布了《中共中央关于教育体制改革的决定》，提出了要大力发展职业教育的要求，尤其要以中等职业技术教育为重点。在这种大好形势下，靠着家人的支持和自身的努力，父亲考入了区上的初中，继而考上了县里的师范学校。

在“步子再快一点”的号召下，光脚丫也穿上了新鞋，走得更快更稳健了。学校有了较完善的校舍和更科学的课程设置，父亲如饥似渴地学习知识和技能。教育改革使一双浸润着乡土气息的眼睛终于见识到了大千世界的繁华。然而，父亲却说不能止步于此，他渴望看更多、走更远。因为他将和他的父亲一样，成为一名光荣的人民教师。

阳光下的孩子

时间如白驹过隙。1995年，随着一声响亮的哭声，我呱呱坠地了。带着全家人的希望，我顺利地读完小学、初中、高中。此时，我们再也没有谁会为了学费而发愁，因为九年义务教育普及了，家里实在困难的同学甚至可以

获得国家补贴，我们都成了“长在阳光下”的孩子。

在家人潜移默化的影响下，我从小就有一个幼教梦。读高中时，我就了解到我国学前教育发展较晚，各项制度都不完善，地区发展不平衡，没有纳入义务教育，得不到社会的认可。在高考填志愿时，我毅然决然地填报了学前教育专业，成为一名免费师范生（2018年6月后更名为“公费师范生”）。这项从2007年开始实行的免费师范生政策帮助我实现了我的教师梦。

如果说相比于父辈，我们这一辈少了资源匮乏所带来的贫瘠，那么，我们这一辈就多了因物质丰富而产生的选择困难。面对许许多多的诱惑，如何能坚持初心？那答案只能是坚守，做一个有理想、有信念的青年。

记得在2017年冬天，我正面临就业抉择。当时有不少同学选择了会计、秘书、保险等高收入的工作，也有许多亲戚说：“你辛辛苦苦上了十几年的学，考上这么好的学校，回到家乡小城市当一个普通的幼儿园老师多浪费啊！”听到这样的质疑声，我迷茫了。

但是，在一次参与党员志愿者活动时，一位智障儿童坚定了我继续从事幼教工作的想法。他是一名智障儿童，但是他懂礼貌，见到每一个人都会打招呼说“您好”；他喜欢书法，常常和妈妈一起安安静静地写字；他爱唱歌，一看到话筒就按捺不住想要展示的心。而这一切不同于其他智障孩子的闪光点，都源于他的妈妈从来没有放弃过他。然而，这样懂教育、不放弃的母亲又有多少呢？众所周知，幼儿园阶段是唯一接纳所有儿童、不区分正常儿童和特殊儿童的学段。作为一个接受了师范教育、具备专业幼教知识的我，怎能推脱责任？

如今，我已在幼儿园工作一年多了，虽然离实现当初的愿望还有很长的路要走，但我不忘初心，始终坚守着、努力着。

春风化雨，换了人间。

从没书读到有书读再到免费读、资助读；从读书无用到教育强国再到教育优先发展，国家越来越重视，教育地位不断上升，这一切都得益于改革开放。

改革，改变现在，撬动未来。

我毕业啦

17.

守望农村教育

三台县芦溪二小　唐　静

非常幸运，我和“改革开放”同岁，在改革开放不断深化的历程中，我也由一个懵懂的孩童成长为成熟的中年人。

40年时光看似漫长，却也是弹指一挥间，除去儿时和求学的时光，我已在农村教育战线上坚守了21年。

20余年来我一直在三台县芦溪小学工作。这所始创于清光绪三十一年（1905）、原名“涪江小学堂”的农村小学已有一百多年的历史。百年老校，用无声的行动督促着我不断学习，用独特的魅力吸引着我奋斗不止。

在此，我仅从一个普通教师的成长视角，给大家讲述这所农村小学近几十年来的发展变化。

从野草丛生到全校“班班通”

1997年，我从三台师范学校毕业，被分配到县芦溪小学工作。到芦溪小学报到的那天，正好赶上学校搬迁，我就和老师们投入到热火朝天的“蚂蚁搬家”中。

学校没有货车、三轮车，所有的东西都由老师们肩挑背扛，小心翼翼地从老学校搬到新学校。“重量级”物件由几位男教师“嘿哧嘿哧”一起抬；

轻巧零碎的物品则由女教师细细收拾。大到七八米长的木黑板、笨重的办公桌，小到一个温水瓶、茶杯，老师们都妥善地搬到新学校，整理得清清爽爽，摆放得井井有条……

虽然刚刚加入这个团队，我却被他们火热的激情、真挚的话语、友善的笑容感动了。

新学校除了一幢教学楼外，没有其他的附属设施。操场内是一堆黄泥，操场外还是一地野草。在杨建民校长的带领下，老师们带着各班孩子顶着秋老虎，挥舞镰刀，把杂草丛生的外操场修剪成了草坪足球场，把黄泥地变成了垫泥地，并在操场周围植树种草。不到一年的时间，芦小就绿草茵茵，鲜花盛开，树木青翠。随后几年，操场得以硬化，学校规划出了舞台、足球场、排球场、篮球场。运动的汗水滴落在开拓者曾经挥汗如雨的地方。

“5·12”地震后，文世兴校长切实用好每一分灾后重建资金，修建了教学楼、学生宿舍、食堂，提升了灾区孩子的上学条件，重建了孩子们的精神家园。

近几年来，在赖秀云校长的领导下，学校环境更是得到了很大提升：教室四壁整洁，班级文化建设独具匠心，现代化的“班班通”设备；走廊上明媚的“微笑墙”，温馨的提示语，师生书画作品；操场四周意趣盎然的“小农场”，亭亭华盖的大榕树，四季常青的“绿壁”。行走在充满书香和诗意校园的师生，一种幸福感油然而生。

芦小人，学校风景线

更让人心生敬佩的是芦溪小学里这样的一群人：

他们是严厉的师长，督促你成长。记得我刚踏上工作岗位，学校就安排我担任四年级二班的语文老师兼任班主任，同时还要承担三年级一个班的自然学科教学工作。听到这个安排，我两眼一抹黑，我有这个能力干好吗？我自己都深表怀疑！他们却说，“年轻人就得压压担子，好好锻炼锻炼”。于是，我在他们的督促下开始了我的教学生涯。有一次他们到班随堂听课，我摆了不少花架子，很卖力地讲了一堂字词课，自我感觉还不错。他们却只是意味深长地说："年轻人，有时间多听听其他老师的课吧！多学习，才能进步！"我惭愧得无地自容。从此我懂得了脚踏实地，谦虚沉稳。

他们是慈爱的亲人，关爱你成长。初到芦溪小学时，人生地不熟，内心难免孤独。学校教师住房相当紧张，很多老师都住在校外。李义容老师却主动腾出了她在学校的房子，让给我住；年轻人不喜欢做饭，嫌炒菜烧汤麻烦，王清华老师就时不时地煮些好吃的，叫我们几个小年轻去帮忙解决；生活中遇到了困难，邻居张宗甫老师一家总是热情地伸出援助之手；甚至于不少人为我的终身大事操碎了心……由此我明白了，人人为我，我为人人。"给"永远比"拿"快乐！

朱琼芳老师，我的良师。十多年前她的教学示范课，让我看到原来语文课堂可以这样生动有趣。2003年，我有幸和朱老师一起成为三台县首批语文新课程改革实验教师，朱老师毫无保留地把她的"教学法宝"传授与我，并且鼓励我和她一起承担了那一学期学校所有的语文教学研讨课。磨课的过程是艰难的，很多时候我都想放弃了，朱老师适时的帮助和鼓励又让我坚持往前走。现在，每当听到有老师表扬我课上得不错时，我就想当年如果没有朱老师的引领，今天我怎么可能在课堂上做到游刃有余？朱老师让我学会了分享和坚持。

吴晓云老师，我的益友。但凡学校有大型活动，她总是勇挑重担的那个人。每一个节目，她都会耐心细致地反复指导；每次排练，她都忙得像个陀螺停不下来。老师们调侃她："你不知道累吗？比铁打的还厉害！"尽管身体疲惫不堪，可她的精神气儿还是那么饱满！那种干一件事就要干得最漂亮的决心，那种蓬勃的热情所焕发出的生命力，激荡着周遭的我们豪情满怀！晓云姐，你让我知道了担当和责任。

彭韵筑老师，一个90后的小妹妹。我和她一起带班时，我比她年长得多，她却反过来细心地照顾身怀二宝的我。虽然我是班主任，她却把班主任的工作都干了。学校为防止流行性传染病，要求各班每天放学后都要对教室进行消毒，她硬是连药瓶都没让我碰一下，早早地把我“撵”出教室，自己忙里忙外，累得满头大汗。我这个高龄孕妇孕期安稳、生产顺利，离不开她的功劳。小妹妹，你让我感觉到多么幸运和幸福。

行文至此，我的脑海里浮现出这样一句话：“我在这里就是一道亮丽的风景。”是呀，为了给孩子们一个如诗如歌的童年，一个又一个芦小人总是把工作中最平常的事做到极致。

瞧，他们就在我们身边：智慧沉稳的领路人，真挚有爱的马丽，风趣幽默的蒋武，英姿飒爽的王英，洒脱率真的娟娟，雷厉风行的春梅姐，脚踏实地的珍珠，任劳任怨的黄校，勤学上进的婉婉，还有心直口快的肖大姐，中流砥柱丽娟、小燕，恪尽职守的卿容姐、李明姐，最佳夫妻档李剑、杜鹃，最美姐妹花大苏、小苏，我的闺蜜老熊、老毕……每一个平凡名字的背后，都有一个动人的故事，每一个故事里都讲述着爱、奉献、坚守、勇气和责任。

正因为有这样一群芦小人，芦小才取得了可喜的成绩，十里八乡的孩子以就读芦小为荣！

在改革开放40年之际，芦溪教育又迎来了一个崭新的春天！为了实现教育均衡发展，在三台县党委、政府和教体局的亲切关怀和领导下，芦溪小学分设为“芦溪一小”和“芦溪二小”，两所小学，一脉相承！无论学校的称谓怎么变，不忘初心的芦小人对农村教育的执着坚守不会变！芦小的精神不会变！

18.

那盏生命里的明灯

米易县第一小学校　田万慧

我的小学启蒙老师袁老师，虽然在她离开学校后，我再也没见过她，但是总会莫名地想起她，想做一个和她一样被学生和家长爱戴、想念的老师。

上学了

1983年8月的一天，我大（方言，意思是父亲）一把揪住正要溜出去玩耍的我，虎着脸说："老三，九月份就该报名读书了。"我心里雀跃起来："我能真正读书了，不用和小洁每天玩老师学生'过家家'的游戏了！"我欢呼一声，正想冲出门找小伙伴显摆，又被我大一把揪住："别整天往外跑，跟你哥你姐学学数数，数不到一百老师不收你，你就得回家放牛！"我顿时蔫了："我最讨厌数数了，怎么办？"

晚饭时，我大对我哥和我姐又吩咐了一遍教我数数的事，哥哥心不在焉地应了一声，我姐倒是盯了我一眼，认真答应了。此后，我就在姐姐一板一眼、乐此不疲扮演老师的"严格"教育下，结结巴巴能数到十、二十……五十。

终于盼到开学，我大破天荒地放下手中一年到头忙不完的农活，领着我去学校，一起去的还有我们生产队的几个年龄相仿的孩子。乡村土路上，几个熊孩子一路蹦蹦跳跳，一会儿摘狗尾巴草挠别人痒痒，一会儿跳进田里逮蚂蚱，扬起一路的尘土。

据说学校是从前地主家的花园改建的，占地还挺大，有二三十亩的样子。新中国成立后，在学校西边修建了一栋两层的小楼作为教室，东北角有一棵很老的黄桷树，枝繁叶茂，树干粗大得要五六个大人才能合抱。操场是黄泥夯实过的，雨后形成一个个小泥塘，孩子在泥地里奔过去跑过来，溅起一身泥水。

到了学校，大孩子们自己去报名，被自家大人揪着耳朵好一阵唠叨“别弄丢了学费”“不许调皮”后各自散去，我们几个小一点的孩子则一脸兴奋又紧张地跟着大人去到一年级教室门口。

教室里放着两张桌子，一位二十多岁的女老师穿着件蓝布衣坐在桌子后面，面前放着笔和本子，笑眯眯地看着我们。大人们脸上带着笑，乱纷纷地跟她打招呼：“袁老师，这是我家小四，他不听话就给我揍。”“袁老师，我家老大也是你教的，你别跟这些孩子客气，该收拾就收拾啊！”“袁老师，这是我家老三，娃儿交给你，我放心。”

我既兴奋又紧张，心想：“真要让我数到一百，我就只能回家放牛了。”结果那个鹅蛋脸的老师笑眯眯地让我们跟她学，用左手摸右耳朵，能摸到耳朵的就登记名字放进教室里，摸不到耳朵的就让家里大人带回去。

我一下子就摸到了耳朵，得意地看了我大一眼。我大却没看我，郑重地从兜里掏出早就准备好的学杂费一共十二块五毛钱，双手递给老师。看着老师登记好我的名字和生产队，我大就冲我挥挥手，让我进教室。只是特意交代了一句，让我放学等我哥我姐一起回家。

鹅蛋脸的袁老师

就这样，我开始了我的小学生涯，也认识了我的语文启蒙老师——鹅蛋脸、笑眯眯的袁老师。

袁老师是一位民办教师。我那时并不清楚什么是民办老师，只是从大人们充满惋惜的语气里知道，她和数学老师张老师是不同的，张老师可是“铁饭碗”。后来发现她们的不同之处异常明显：张老师白白胖胖，大部分时候穿的都是“的确良”衬衣；袁老师跟我们生产队的大人们穿得差不多，直筒筒的蓝布裤子，蓝布鞋，直筒筒的棉布衬衣。

虽然她们的手揪起耳朵来一样疼，可是张老师的手白嫩光滑，手上还有肉窝窝，我们都爱看张老师写字，觉得她的手真好看，比我们枯黄漆黑的小鸡爪子好看多了。袁老师的手却跟我婶儿的差不多，蜡黄粗糙，揪起耳朵来老茧子磨得我们生疼。

那时候，我们可不敢跟家里大人说被老师揪了耳朵，说了就不止是被家里大人揪耳朵了，还要挨一顿“竹笋炒肉”。有一次，同一个生产队的小四跟家里大人哭着说不想去读书了，老师揪耳朵太疼了。结果，不仅小四被他爸狠揍了一顿，还连累我们都被生产队的大人们好一通唠叨：“袁老师16岁就教书，教出多少好学生，还教不好你们几个！”“袁老师可不容易，要教书，要种地，还要带娃，你们敢不听她的话，老子揍你！”

从此以后，大家都老实多了。大人们让带给袁老师的柿子、土瓜，没人敢吃一个送一个了，老老实实放在了老师的讲台上。

有时候，袁老师背着娃来学校，我们也跑去逗一逗、抱一抱，让老师腾出手来改作业。那时候可没有教师办公室这个说法，在教室里靠讲台的墙边放一张木头桌子就成了老师们的办公地点了。黑板则是刷了黑漆的土墙。袁老师常常还要自带一块小黑板，上面认真地写着拼音字母表。放学时，我们在小黑板前排好队，一个一个读好了才能回家。等到二十几个学生读完一遍，天边已经浮起晚霞。我们班同学的拼音是两个班里拼读最快、最标准的。直到现在，袁老师的严格教育仍使我印象深刻。

在无忧无虑的小学生涯里，我印象最深的是学校修建舞台让大家“勤工俭学”。全校师生站成几列，从各个方向朝操场传递“土基”（用黄泥和切碎的稻秸夯实的长方形土块，作用跟现在的砖差不多）。袁老师背着一岁多的孩子和其他老师站在学生中间，一边谈笑一边递土基，孩子哭了，她就停下来哄一哄。低年级孩子小，站得密密麻麻，只拿一块递给旁边的人，高年级孩子就隔得远一些，一次搬两块。我们只觉得这是好玩的游戏。一星期左右，一座两三米的高台就砌好了。校长站在台上讲话，袁老师还唱了歌。站在坑洼不平的操场上，抬头望着高台上的老师，突然觉得学校真美，袁老师真美！

后来，有一段时间袁老师脸上没了笑容。有老师在背地里嘲笑她："平时都说教得好，怎么这次又没考上！""听说这次是面试没过。"也有老师惋惜："她平时教书挺利索的，怎么一考试就犯糊涂？"生产队的大人们却是一致叹息："唉，袁老师教书真的教得好，怎么就考不上呢？"隔壁班的另一位张老师也是民办老师，据说一次就考上了，转成了公办教师，一整个夏天喜气洋洋，走路都带着风。

再后来，学校里再也看不见袁老师的身影，孩子们没心没肺，最初的诧异之后就被新老师吸引了目光。我却总记得那位笑着让我们摸耳朵的袁老师。我特意问了大，大说，袁老师家里不让她教书了，说是八块钱的工资还不如回家种地呢！我失落了好久。

一次赶集，我遇见了袁老师。袁老师还是笑眯眯的，只是脸更加黑黄了，穿着明显带着泥污的蓝布鞋，背着大背篓。我怯生生地喊了一声"袁老师"，她一怔，半晌才扯出一个笑来，我却被她的笑弄得莫名地想哭。我想：袁老师是真的喜欢教书的吧！

一生之师

1997年，我也成了一名老师，回到了当初的镇中心小学教书。小学早已变了样，平整的水泥操场，高高的舞台，舞台背后还有瓷砖贴成的背景墙。围绕水泥地操场的是一圈宽敞明亮的教室，教室里桌椅整洁，安装了投影仪，老师们有了专门的办公楼。转成公办老师的那位张老师成了我的同事，从她那里知道了袁老师现在的日子还不错，儿子都娶了媳妇了，国家对民办老师的补贴政策也越来越好了，政府还为袁老师买了养老保险。

2010年，我从镇中心小学调到了县城一小。我离开的时候，镇中心小学已经有了多媒体教室，学校南边还新增加了一排明亮的教室。

2018年，我已经从教21年了。前段时间回到母校，曾经的水泥操场变成了塑胶跑道，学校有了规范的篮球场、多媒体教室、实验室、图书室，曾经简陋的小黑板变成了现代化的电子白板。我真切感受到了改革开放40年来教育事业的飞速发展。

在我21年的教师生涯里，我总会莫名地想起袁老师，想起她那笑眯眯的鹅蛋脸，想起她那让我想哭的笑。我和村里的老人们谈起袁老师，人们仍记忆犹新，都会不由得感叹道："袁老师真的教得好，没当老师可惜了。"

虽然再没见过袁老师，但是，袁老师一直在我心里，如同一盏明灯。我想：要是能让我的学生家长在多年后提起我，也能像我们村里的老人们提起袁老师那样，感叹一句"田老师真的教得好！"那样我一定不会觉得遗憾了吧。

19.

我与教育改革 40 年

自贡市第二十八中学校　梁　蓉

数千年以来，先贤们一直有这样的梦想："有教无类"。我从1977年开始读小学，大学毕业后也一直从事教师工作，有幸见证了"有教无类"这个教育理想的逐步实现。

第一个十年（1978—1988年），学生时代，无忧无虑

我对于改革的认识最早来自父亲的家庭教育。父亲所在的工厂正在打破大锅饭，对工人的劳动按贡献评等级发奖金。父亲就对我们三姐弟采取这样的管理方式，根据我们在学习、劳动等方面的表现，每月进行一次家庭民主评议。综合自我评定和他人评定，我基本上能得到甲等，也会因为对弟弟妹妹的管理态度粗暴被降为乙等。

我的家庭和那时千百万个中国家庭一样，物质生活是艰苦的，加上又是兄妹三人，所谓七彩的童年，其实更多的是帮父母干家务、带弟弟妹妹。但所幸父母极其开明，一直对我们讲："饭，不管好吃不好吃，都要吃饱；书，家里再苦也要读，读得出读不出靠个人本事。"

我没有上幼儿园直接进入小学，学习上倒没有什么不适应，只是每次班级文艺表演都轮不到我，因为我没有唱歌跳舞的基础。那时上课不用父母接

送，同院子的小朋友邀约一起到学校。母亲用布给我缝制了书包，里面只有语文、数学两三本书，几个作业本，一两支笔，背起书包可以飞奔。放学回家，我除了做作业还要洗衣、做饭、做清洁，有时还要割草，迅速完成后，就可以在晚饭后和小伙伴们疯玩。在我的印象中，院子里的伙伴们没有不读书的，只是后来由于个人际遇、悟性等原因，学业有长有短。

中学阶段，学校离家远了，但我还是步行上学，天天来回四次的坚持，竟然练出了中长跑的体能。学校里开始有了各类竞赛，但只选拔少量优秀学生参加，并不提倡重在参与。一次数学竞赛的前一天，班主任同时也是数学老师给了我一个名额，让我参加第二天的数学竞赛预赛。此时，其他参赛同学已经训练了一段时间。或许是没有任何心理负担，我通过了预赛，集中培训后，我还在决赛中获得了名次。必须得承认，那时老师们的奉献精神普遍较高，当然一个时期有一个时期的价值观，不能一概而论孰高孰低。

高中阶段的教辅资料多了，省去了抄题的时间。每晚熄灯后，在寝室走廊昏黄的灯光下，总可以看到或坐或站苦读的同学。教室夜间曾经被盗过两次，盗取的都是教辅资料，损失最大的一次竟有一半同学的资料被盗，都是被撕碎了，沿途抛洒直到校园外面。盗书不算偷，究竟是什么人所为，直到现在都是一个谜。

第二个十年（1988—1998年），初为人师，探索尝试

经过三年的师范学习，我成为一名人民教师，一干就是二十多年，直到现在我始终奋战在教育一线。

刚工作时，还处于未实行计划生育出生的一代的就学高峰，每个班的学生达到六七十名，那时没有“小蜜蜂”一类的扩音器，体态娇小、声音不高的我仅是管理课堂就非常吃力。

备课也不简单，老教师驾轻就熟，我们这些新入行的教师，资料来源少，虽然认真备课，但光靠一块黑板、一支粉笔加上一张嘴，吸引学生还是

很有难度。幸好家长对学校工作非常支持，对学生严格管理，学生勤于学习，倒也教出了一批对社会有所贡献的学生。

当班主任时，除了主抓学习，我更注重对学生能力的培养。

那时，二十八中地处闹市区，没有操场，上体育课要去人民公园借场地，协调起来很有难度。尽管如此，我们班还是坚持开展体育训练，基本保障了每周两节体育课。记得有个严重违反纪律的同学，按照处罚做下蹲、跑操场之后，气喘吁吁地来到我面前，笑着问："老师，现在又做什么？"这种服从的调侃让人哭笑不得，事后想起都是甜蜜的回忆。

其实这就是教师职业的价值所在：在育人原则面前，只问是非，不问其他；也是教师职业的魅力所在：每个人都是可造之才，关键在于如何施教。

体育训练的作用不仅在于增强体魄，更在于能让学生课堂上精神更足，促进学习效率的提高。三年下来，我们班平均成绩从进校时的年级倒数第一到中考时的年级第一，用时下的流行语就叫"逆袭"。

除了书本知识，学习更重要的是开阔眼界。那时受条件所限，所谓开阔眼界就是带同学们去春游或秋游。流程一般是班主任在班上征集学生意见，报学校批准，班主任组织，再加上一两位科任老师就可以了。有次去桑海公园野餐，买门票的学生回来说需要班主任去才能买到团体票。我就和几个学生一起来到售票窗口，当我说要买票时，售票员很不耐烦地说："不是说了吗，叫你们班主任来！"几个学生吃惊地看着我，然后齐声对售票员说："这就是我们班主任！"瞬间气氛尴尬。

第三个十年（1998—2008年），职业倦怠，寻求突破

工作几年后，国家的改革开放力度加大，给人民提供了各种施展才华的机会。"研究导弹的不如卖茶叶蛋的"，我同那个时期的中国社会一样，陷入了转型的迷茫。这种迷茫不是不知所措，而是摸着石头过河，胡乱定了个发展方向就去践行。我曾做过很多尝试，希望能改变现状，由于种种原因都

没有成功。

这期间，学校购置了计算机，配备了两间计算机教室，并对老师进行计算机培训。由于上机时间有限，许多老师连开机关机都不敢尝试，生怕弄坏了计算机。我积极参加培训，因为以前学习过，基本掌握了简单的计算机操作。

这期间，老师们开始自己配备扩音器上课，极大地保护了嗓子。有的老师尝试用电视播放录像来辅助教学，偶尔还有人用计算机制作课件。这些高效直观的教学方式，什么时候才能常规化呢？

第四个十年（2008—2018年），不忘初心，开拓创新

工欲善其事，必先利其器。2008年，学校给每间教室安装了投影仪，给每位老师配备了一台笔记本电脑。于是，我开始制作课件。刚开始也是一味地借鉴，简单的PPT也要花费很多时间，不过学生看得新奇，倒也没有问题。随着网络的迅速发展，只是当搬运工越来越不能吸引学生，所幸我的多媒体运用能力较为纯熟，于是把工作重心转到内容编撰上。从文字主打到图文并茂，逐步加上音频、视频，教学生动有趣。

2012年，学校整体搬迁，新校园面积扩大了三倍。学校开始大规模课改，外出学习、集体研备、制作导学案……从学习他人的模式到形成模式再丢掉一成不变的模式，我也发展出了自己独特的教学模式。

这十年，教学手段现代化、教学模式高效化、继续学习常态化。

还有十年，我将退出学校教育行业。但这不会是我教学生涯的最后一个十年，即使退出了学校的教育行业，我相信自己也会以其他形式从事这项工作，比如我正有意识地培育新的教学人才，把自己多年积累的经验与年轻人分享，共同推进教育的进步；比如我在自贡盐业历史博物馆当志愿者，为游客们讲解自贡的历史。

20.

在讲台延续快乐与感动

汶川县绵虒中学　叶奕平

2013年3月1日，从教35年的老王退休了。2013年至今，我延续着老王从教的快乐和感动，在教育的路上不断前行。

在时代召唤下投身村小教育

1978年，老王走上三尺讲台，周达村小的老师个个都好有冲劲，学生优秀在全乡有口皆碑。村小虽然小，但是为了“四个现代化”的建设，积极响应改革开放，老师们在教学岗位上也是斗志昂扬。

那时没有电脑，没有现代化通信设备，老师们个个写得一手漂亮的粉笔字、钢笔字、毛笔字，个个“文武双全”，上了五年级上六年级，才下语文课，接着就是数学课。没有“小蜜蜂”，老师们仍然让激昂的诵读声回荡在山间。教师课题研究也在改革开放的号召下蓬勃开展。老王说，那时开展教育课题研究，大家认真学习，周末学习完，天都已经擦黑了。

20世纪80年代末90年代初，中国教育改革提出了实现快速发展与世界接轨的目标，把教育摆在优先发展的战略地位，努力提高全民族的思想道德素质和科学文化水平，让教育更好地为社会主义现代化建设服务。

山里有丰厚的生存资源，羌民族大都居住在高半山，被形象地称为云朵上的民族。随着可持续发展理念的深入，退耕还林的实施，山上的人家逐步往山下搬迁，山下兴办了寄宿制中心校。中心校老师更多，“复式教学”消失了，每一门功课都有专职教师，电视同步课程教学兴起。

老王教书的第28个年头，我被分到村小。

中心校在蓬勃发展，但是相对教学师资不足的村小更需要教师。我觉得这里需要我，我就有存在的意义。

我不在乎简陋的生活条件，但也确确实实为这个加上我只有3个老师，3个年级，不到20个学生的学校感到很“失落”。

“云朵上的山娃”很淳朴，他们捡到一截粉笔头、一个小铁钉都会很庄重地交给老师。我在村小孩子身上看到了最纯粹的美好品质，我也应该努力做点什么。

村小的条件越来越好。面对发展的形势我既高兴也遗憾：要是这些娃能在中心校学习肯定更好，不同的功课有专业的老师教授，总比我一个学中文的老师既教语文又上体育课来得更科学吧。

2007年的一天，教育局发来一份振奋人心的文件：到2010年进一步改善中心校住宿、教学条件，逐步拆除所有村小，让所有适龄儿童都能够接受更优质的教育。我期盼着那一天快点到来，老王既盼望也紧张，我看他每天都在翻书查资料，有时候还来问问我怎么使用电脑，怎么制作成绩表格统计分析数据。

在巨灾大难中铭恩奋进

2008年5月12日，国殇。

正在完善的中心学校，还在发光发热的村小在自然力的强烈冲击、震荡下，满目疮痍。8级特大地震让汶川成为世界瞩目之地。

记得刚发生强烈地震那天，老王冒着余震的危险翻山越岭，把学校最后两个孩子亲手送到他们父母身边，随后，便积极投入到抗震抢险中。后来，他说身体力行的救灾活动也是一种教育。

经历地震的巨大创痛，学校被毁，但孩子们也不能一直不上学啊。在党和政府的安排下，整个汶川开始大转移——异地复课。

孩子这么小没有父母陪伴，不舍与担忧让家长、老师一筹莫展。但当我们来到复课地，面对迎接我们的温情，所有的不舍和担忧都被一一融化。

老王在家乡参与村镇救灾物资的保管发放和新学校的援建后勤，他时不时给远在泸州异地复课的我来个电话，关心孩子们的生活学习，更不时地向我们“汇报”灾后重建学校的最新进展：“速度快啊，地基都打好了！”“用了好多钢材啊，新学校结实得很。”在电话里，我仿佛看到了满脸笑容的老王。

我也常常告诉老王："孩子小，自理能力不足，我们又当老师又当爹妈，孩子大半年不回家，低年级的孩子既要教他们怎么洗衣服，还得帮他们洗衣服，大半夜生病了带出去看病，遇到孩子输液，有的老师大半夜才背着孩子回学校，第二天还要上课……"

老王有时候听出我的怨言，总是轻言细语地数落我："现在情况特殊，你是老师，你应该把这些做好，娃娃的父母才可以在家安心修房子嘛。"

老王的话好像真有什么神力，让我又精神抖擞起来。低年级的孩子吃饭不认真，我会守候在旁直到他们把蔬菜都吃完。定期教孩子生活自理技能，认真辅导孩子学习。

2008至2010年，短短三年时间，举国之力的爱心援建让汶川在伤痛中蝶变，学校成为最安全的地方。

面对灾难，我们努力前行，铭恩奋进。学校建成了，爱心和感动依然延续。

在后续的帮扶下，老师们参加了教育教学国培计划、省培计划、县级各类培训，还到江苏参观了"江苏省现代化示范初中"洋思中学，汲取示范中学优秀的教育教学经验。汶川的教育事业在日新月异地飞速发展着。

后来，我任教的学校不仅每间教室都有多媒体，用上了电子白板和远程网络教育系统，还有直录播教室、远程会议系统。学校篮球场、足球场，室内运动场到处都有孩子们快乐的身影。

在奔向小康的日子里，在各种帮扶下，我们砥砺奋进，展望美好未来。

老王不再念叨，继续认真干起来：练习操作电子白板、到处讨教PPT动画如何设置。

让感动在前行中延续

老王见过村小在改革开放召唤下朝气蓬勃的模样，那时他在青葱岁月中努力地奋斗着。老王也经历了村小逐步被淘汰的过程，失落中他更多表现出来的是发自内心的感动和不服输的动力。

老王和教育事业的发展一样在努力前行，他觉得发展是好事，应该为前行高兴、应该为发展而感动，更应该为发展付诸行动。

我和老王共同经历了村小之殇。但在伤痛中，我们看到的是用中国力量创造出的奇迹，我们看到的是祖国在飞速前行中焕发出来的蓬勃活力。

2013年3月，老王光荣退休了，我的教育事业还在继续前行。自1978年老王踏上讲台，距今已经40年了。我相信这40年里一定有许许多多的“老王”在艰苦奋斗、锐意进取，满怀信心地拥抱未来。

接下来的日子，老王虽然没有在学校了，但他的身影好像一直在身边，鼓励我不断前行。

看着老照片里村小孩子纯真的笑容和现在学校里孩子们张张幸福的笑脸，我们要把这份欢乐和感动延续下去的决心更加坚定。

21.

筑梦羌山：三代人的教育人生

理县通化九年一贯制学校　陈超梁

1978：春天的故事

1978年的春天似乎来得特别早。羌山的羊角花儿比往年开得都艳丽，杂谷脑河在春天里欢快流淌。

清晨，通化村老街西边学校里孩子们的早读声琅琅入耳，格外清脆。匆匆行走在老街青石板路上赶早课的老师们，精气神格外爽朗和阳光。经历了“文化大革命”，这一批老师有的从牛棚里干校里刚刚“解放”出来，有的回乡劳动了十年又重新回到学校，站上了三尺讲坛。那一年春天的每个早晨，也许在他们的眼中都变得格外的明媚和充满希望。

前一年的冬天，国家恢复高考。远在两千多公里外的北京，邓小平同志复出的第一件事就是召开全国科学和教育工作座谈会，要求教育部门以只争朝夕的精神和速度恢复高考，恢复各级各类学校的正常教育教学秩序。就一个意思：国家培养人才等不起。

那一年，卡子村村民张光友25岁，已经在农村劳动了近十年。也是在那一年，他回到了久违的中学拿起书本复习，并在秋天考上了200公里外的马尔康师范学校。那一届他的同学里有20年后获得“茅盾文学奖”的著名作家阿来。

通化学校20世纪70年代的教师合影

那一年，通化乡中学的蒲富贤从总务主任提升为校长。那是一个严厉而亲切的老头，当然那时候他还不算老。每天清早他就早早地走进每一间教室，检查学生的早读，巡视简陋的学生宿舍和蒸饭的食堂。他在学校管理上的严格甚至到了苛刻的程度，与其他老师一样，恨不能把耽误掉的十年尽快地找补回来。那一代老师和校长没有时间去计算自己的工资待遇，也没有时间去算计自己的职称名誉。当然那时候学校很穷也相当的简陋，除了春天里每个人身上生机勃发的朝气。一切都在重新开始。

春天里播下的种子到秋天有了收获。通化这个偏远宁静的小山村里开始有了一批孩子走出大山，走到外面的世界，张光友就是其中之一。他回到故乡当老师当校长那是几年后的故事。

1988：云朵上的学校

1980年秋天，张光友从马尔康师范学校毕业，被分配到理县甘堡的熊耳山小学——一所羌山云朵上的学校。寨子里适龄上学的孩子不少，但家里都很穷，那时候土地还没包产到户，农村特别是高山远寨的农户几乎没有经济收入。开学时每个学生2.5元的书杂费都交不齐，很多家庭就用鸡蛋抵学费，老师们则背上几背篓鸡蛋去理县城关沿街叫卖，换了钱到书店买齐粉笔墨水和教学生的课本。

村委会挤出来的一间简陋的教室分成了两三个年级，老师前半堂课可能给前面的三年级学生讲完了语文，后半堂就得转到后面去给四年级的上数学。这就是20世纪80年代高山村寨里极具特色的“复式教学”。

1980年，马明芳高中毕业回通化西山村当上了村小学的民办老师。每月领着6元钱的代课工资，带着20多名小学生开始他的“复式教学”。他转成国家公办教师是5年后的事情，等到西山村小拆迁到通化老街中心小学的时候，他已经在山上待了近20年。同时期在高山远寨的村小里，与他有同样经历的老师岂止一人！

20世纪80年代末，通化乡村的土地都分到了户，苹果树和花椒树开始在很多家庭的自留地里挂了果结了籽。家家户户的日子也开始富裕起来。

通化中学的蒲校长在每年秋天的毕业季都要送走一批学生去临近的汶川县城上威州师范学校、水电校、工业校、财贸校。这时候他严肃的脸上会有开心的笑容。通化的这所乡村中学似乎成了家长们眼中理想的读书圣地，富裕起来的理县其他地方的家长开始想着法子把自己的子女送到这所

通化学校旧貌

偏远的乡下初中。这其中就有考上威州师范学校的周强。蒲校长当时也许不会想到，18年后自己的这个得意门生会接过通化中学校长的担子。而在此之前的五年，张光友已回到了自己的家乡，在通化老街当上了小学校长。

1998：一个都不能少

一两栋简陋的砖混结构的教学楼和教师住宿楼，几间铁架床和木板地铺搭成的学生寝室，坑洼不平的水泥操场，一间不足10平方米的简陋学生厨房，差不多构成了20世纪90年代初一所乡间中小学的全部。

老师们办公用的是脱掉漆的老式长桌方凳，没有电脑多媒体，没有程控电话和手机，没有打印机、复印机，印试卷用的是滚筒式的老式油印机，油印卷纸上是老师令人艳羡的铁笔字。

学生寄宿睡木板搭的通地铺，家里自带被盖洗漱用品，没有洗脸台卫生间，没有餐厅，寄宿制学生自带粮食咸菜蒸饭，每天食堂打上五分、一毛的菜汤蹲在操场边就是三餐……

这是20世纪90年代一所乡间学校日常生活的影像志，也是羌山远寨无数困难家庭的孩子们艰辛求学的全部记忆。

那些年一到开学季，就是很多困难家庭父母亲发愁的日子。家中有两三

十年“普九”路

旧学生宿舍和食堂

个上学的孩子，每学期上千元的书学费生活费会让高山远寨的困难家庭喘不过气来。那些年也是张光友校长发愁的日子，面对着那一双双愁苦的眼睛和求学心切的孩子们，他实在揪心。

学校没有经费，上级给不了多少钱。校长只有自己想办法解决困难。于是就搞起了勤工俭学，开校办木材加工厂，去林场买烧柴选木柴改木板卖，赚得了一些钱，就用来补贴困难家庭孩子的书杂费。学校的食堂开始养猪，可以每学期让孩子们打打牙祭。同时也尽力改善老师们清苦的工作生活条件。学校有了结余的经费，校长就组织老师们走出大山，看看外面的世界，接受新的信息、新的教学理念……

1999年，又是一个春天，学校迎来了国家的好政策：中小学全面普及九年义务教育。到2004年，通化乡村的孩子们全部用上了免费的课本，免除了学杂费，吃上了免费的三餐。高山远寨的困难家庭户再也不用担心子女的上学问题。2006年，农村免除了农业税，上交了千年的“皇粮国税”到此画上了句号，农村和农民真正的减负，这是一件值得记入中国农村改革发展史的大事。

那几年，曾经因为家庭困难而失学辍学的村寨孩子一个个都回到了学校。

“一个都不能少！”这是张光友校长的“普九”宣言。

风雨十年路，他带着“普九”干事们用双脚走遍了学区内的每一个村寨，用坚实的足印丈量着一个羌族汉子的教育人生。

2008：希望在废墟上升起

2008年，这是一个特殊的年份。

5月12日，发生了汶川特大地震。刹那间，山河移位，天地变色，华夏同悲。通化这个离汶川震中映秀直线距离不足50公里的小乡村经受了黑色的灾难。学校房屋垮塌，人员伤亡，教学设施设备全部损毁。整个地区沦为一座孤岛。

湖南灾后重建学校授牌仪式

那一年，34岁的周强刚刚从张光友手中接过通化中学校长的接力棒。这一棒交接得十分沉重，面对废墟上满目疮痍的学校，年轻的周校长感觉压力很大、担子很重。

也许有时候灾难也意味着新生，危机中也蕴含着希望。

国家有坚强的经济实力为后盾，各级政府及时调拨各项救灾物资，全国人民八方援手，人民子弟兵保驾护航，专家学者们细心调研指导……希望在废墟中重新升起，花朵在瓦砾间依然绽放。

灾后重建一年多，孩子们搬出临时板房，步入设施设备完善的多媒体教室，用上了光纤网络，看上了网络电视，住进了宽敞明亮的宿舍，吃上了丰盛卫生的免费营养三餐，还有社会各界源源不断的爱心资助……

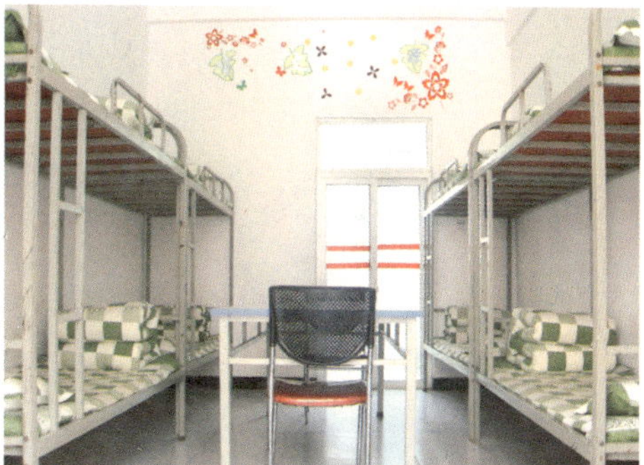
通化学校灾后重建的寄宿制学校宿舍

2008年8月8日晚，当北京奥运会开幕的那一刻，坐在板房教室观看电视的周强校长心情是激动的、振奋的。不经历风雨，怎么见彩虹。当长安街高楼大厦上留下那光彩夺目的二十九个足迹，当熊熊奥运圣火在鸟巢点燃的那一刻。凤凰终于涅槃，在浴火中新生。

不过，年轻校长的两鬓也早生了华发……

2018：飞越羌山

时光催人老，红了樱桃，绿了芭蕉。

风雨沧桑40年，旧貌已换了新颜。

如今，理县的各个乡镇已普及了学前教育，每一个村寨都建起了幼儿园，招聘了专业的幼儿教师和保育员；高山远寨的孩子们都享受到了从幼儿园到高中的“十五年免费教育”；部分学校开设了乡村少年宫，大力弘扬和传承本地区的民俗乡土文化，打造各所学校的民俗文化特色项目；中小学开设了现代远程网络信息化教育教学，与名校享受同步的优质资源。同时，理县还建成了一批“四川省校本培训基地”“法治校园”“文明校园”“寄宿制标准示范校”；一大批名师、骨干教师和专家学者被请进来、走出去，进行全国范围内的培训和交流……

每天早晨或者黄昏，周校长都要坚持到校园内的各处转转，听一听幼儿园的孩子们唱儿歌、学习文明礼仪；看一看学生寝室的内务是否整齐；在教室外感受中小学琅琅诵读的唐诗宋词中的美好意境；瞧一瞧乡村少年宫舞蹈队的藏羌歌舞训练，回味咚咚羊皮鼓的震撼力和羌山唢呐的高亢清远……

2017年蒲校长已经过世，走完他不悔的教育人生；如今退休后的张校长也开始安心地颐养天年。不过，校园里的年轻一代正播种着春天的种子，相信到了秋天，那些校园里朝气勃发的孩子们会带给我们丰收的喜悦。

“春风吹绿了羌山，春雨滋润了心田。

我们在这里播种希望，

我们的梦想从这里起航，

莎拉西哟，我们在这里放飞梦想……”

《飞越羌山》是通化学校老师自编自导的校歌。

也是羌山云朵下三代人共同筑就的教育梦、中国梦。

有道是：

桃李舞春风，三尺讲坛谱尔玛春秋。

雄心逢盛世，羌山岷水绘瑰丽蓝图。

花儿那吉校园唢呐表演队文艺汇演

22.

教育改革40年，英语课堂悄悄变

成都市现代职业技术学校　贺玉婵

语言是传承不同文化的载体，每一种语言都会以其独特的魅力勾起我们的兴趣，吸引我们不断学习。掌握一门外语进行涉外交流沟通已经成为一种常态化现象。现在我是一名职业中学的英语老师，我的工作岗位就是英语课堂。但是在20年前我学英语那会儿，甚至是50年前父亲那辈人学英语那会儿，学习的目的不一样，提供学习的硬件和学习的方法也大不相同。教育改革40年，英语课堂悄悄变。

父辈的课堂，为祖国强大而学英语

姑父是20世纪60年代的大学毕业生。他们那代人中学时代学的都是俄语，我小时候经常听他回忆当年学习俄语的情景，到了大学很多人选择学英语专业。当时，国家需要人才，英语方面的人才又奇缺，为了响应党的号召，大家都愿意去当“先驱”。

他们根本就不会去想就业、赚钱和前途之类的问题，到了大学才从26个英文字母开始学英语。在语音课上，他们死记硬背48个音标。老师要求极其严格，仅仅几个月之后，老师便要求学生上课不许说汉语。他们用半英语半俄语和老师沟通，搞得课堂上笑声不断……大家虽然年纪较大了，学英语很吃力，但他们理想远大，而且把老师的话当“圣旨”一样绝对执行，所以进步很快。

听姑父说他们黑灯半夜都在背英语，半夜说梦话都“蹦”英语单词。那时没有多媒体，学生也买不起录音机。每个教室里都配有一个喇叭，由语音室统一在固定的时间给学生播放录音，有时是课文的录音，有时是事先从广播中录下来的VOA或是BBC节目，但绝对不是现场直播。

每周一次的英文原版电影放映算是过年般的英语学习大餐了。对于学习任务，只要老师一句话，学生们无不言听计从。老师说，学习英语需要点滴积累，于是，每天早操之后学生们便在校园里甚或是马路边上背单词或读课文，边走边大声朗读。姑父就通过这种方式背了不少莎翁名句。

枯燥读背，为高考而学英语

我是从初中开始学英语的。当时，社会上已经流行学英语了，不过那时的我们并不知道英语到底能干什么，只知道高考时英语跟语文、数学一样是一个必须拿高分的科目。所以我的学习重点就是背单词、学语法、练阅读，所有的努力都是为了一个目标——高考。

我每天枯燥地背单词，做阅读理解，对听力、口语等交际能力关注得非常少。由于英语课文的趣味性和实用性差，所以对于大多数学生来说，学习英语是一件苦差事。而我的英语成绩之所以长期名列前茅，完全得益于我自己发明的“懒人学习法”——朗读。因为懒得去动笔，所以每天早上晨读的时间便是我的快乐时光，开始是装模作样地做给老师看，后来大声朗读居然成了我的最爱。

我这大声朗读一坚持就是6年，万万没想到这居然成就了我的英语高分。每次考试后，老爸帮我分析英语试卷时，常问我为什么这道题选这个、那道题选那个，我就告诉他，语感就是这样的。老爸总是满意地点点头，不再多说。所以我教英语之后，就特别强调学生要朗读和背诵课文。

读高中后，英文的阅读理解比重越来越大，我自然成了这方面的高手。因为我一直有阅读的习惯，所以阅读速度很快，并能够很好地抓住重点，所以学习效果奇好。我以高分考入了外语学院，但是当年的我除了会答题，对听力的练习几乎是零。因为英语听力和口语没有列入考试范围，所以我在听说方面没有得到任何锻炼。

大一上学期时，我带着胆怯和羞涩去听师哥师姐们用英语侃侃而谈，而自己只会说：“I am a freshman. My English is poor.”我在听力和口语方面受了打击，不服输的我发誓要攻克英语听说。

我们学院会在每周五晚上放映《走遍美国》(Family Album USA)——那个年代仅有的几个英文视频电视节目之一。我是该节目长期的追随者，观看时我还会带着笔记本，把经典的内容记录下来，回来后背诵。

我常常在学校图书馆里抱着英文大字典苦苦查阅词汇并背诵。天刚亮，寝室同学就都抱着收音机收听VOA Special English。熄灯后，戴着耳机听录音，安静的夜里会有录音机被我反复倒带的“咔哒”声。抱着字典背例句是我的另一个“笨方法”。那时我和同学打赌背生词，她每天背50个生词，我每天背50个句子。结果，一学期下来，我的听、说、读、写成绩都高于她。因为表面上看我背的单词数量少，但我是把单词放到了句子中去背，使单词在句中有了生命力，记得自然更牢。这正应了那句话：“词不离句，句不离篇”。

智慧课堂，为兴趣和专业学英语

大学毕业后，我来到了一所职业学校担任英语教师。职业学校里面英语不用进行高考，可以更加自由地进行语言应用的学习，我们可以和职业学校中的各种专业相结合生成各种职业英语，如旅游酒店英语、幼儿教学英语、美容美发英语等。

为了提升学生的英语学习兴趣，我常常给他们推荐英文歌曲和美剧，如《生活大爆炸》《破产姐妹》等，让学生浸入全英语的语言环境，接触全新的多元化的英语材料。这些歌曲、影视作品为学生提供了接触了解西方文化的途径，具有超强的感染力。利用多媒体资源，优质App或者电子词典，学生能听到单词的读音，全方位、立体式感受这个单词的含义。他们利用英语课本、英文报刊、MP3和手机、iPad等移动终端，随时随地地可以进行资源共享，平台互动。

在我的英语课堂上我充分利用信息技术环境创建“智慧课堂”。课前，我可以利用信息技术中传输功能在网络上借助一些平台上传一些与上课课题相关的作业，完成前置作业的预测，对我进一步设立教学目标，有针对性地把控重难点找到依据。课堂中，我通过交互式的教学媒介，检测课前任务达成情况。课后我在网络上通过相关平台布置作业，巩固强化教学内容，信息技术贯穿学生学习和老师教学的全过程。

例如，在英语阅读教学中，对于阅读材料中的生词，学生学会通过在线词典直接查找生词，或利用手机中下载的字典迅速快捷地对文章语篇进行理解,同时学生还能在大量的网络阅读中不断得到培养和增强。此外，学生可以通过网络开展研究性学习，在网上发表自己的观点和研究成果。这样，师生之间发生交互作用，不但让学生在自主探索中尝到创造、追求知识的乐趣，还加强了师生间和学生间的交流，学生自主学习、协作学习的能力得到提高。信息技术建立的学习共享圈，让学习真实有序地开展。在信息技术模式下营造的英语课堂，丰富了教学的深度和广度，辐射了教学环节的课前、课中和课后，为学生学习搭建了更好的平台，让学习更高效。

这学期我们还迎来了来自澳大利亚的幼教专业的老师给我们讲专业课，从构建对待幼儿的教育理论，了解幼儿行为及心理特征，感知不同的教法。外教上专业课的一周，从教室到实训室到学校操场到花园，我们的孩子真切地体会到了不同文化对教育的理解，体会到一种愉悦心灵、启迪智慧的教与学的方式，一种互敬互谅、教学相长的和谐师生关系。课堂中流淌的是一种以人为本、眷恋生命的学习氛围。

23.

我和我的母校们

广汉市雒城镇第一小学校　秦祖莉

我依旧珍藏着那鲜红的围巾，
生怕浣洗会使它
失去你特有的温馨。

——舒婷《呵，母亲》

我是一名光荣的人民教师，教龄23年。即便如此，在我的心里，仍觉得自己是一名学子，那样依恋着自己的母校，就像舒婷依恋着她的母亲一样，久久不敢回忆，久久不曾遗忘。

一

我的第一任母校——广汉市新丰镇联江村小学，今天已不复存在。

口中没有唏嘘，心中没有忧伤，如果我仅仅是这所小学的学生，那么我会很难过。然而作为一名教师，我明白这期间的变化对百姓、对社会意味着教育飞速发展的车轮早已滚滚向前。

1981年，我5岁，读幼儿园。那时的联江村小学有幼儿园、小学班，共7个班，校园里热闹极了。当时初中还未纳入义务教育，得考上才能读。院子里的堂兄读六年级，毕业时，大家都盼着他能考上初中，过河到场镇上去读。他们的胡老师，从民办教师考上了广汉师范学校的民师班，吃上了公家饭，是我们村第一个吃上公家饭的老师。

1983年，我读小学时，联江村小学已搬至隔壁村的清江村小学。我们这一批孩子可以在联江村上一年级，也可以到清江村去上。其他年级陆续搬走了，于是有7间教室的小学变成了我们班30多个孩子的天下，学校也只剩下两位老师。渐渐地，操场变成了荒草的乐园，其他教室也渐渐积满灰尘，从房屋大梁上有时还会掉下壁虎什么的。再后来，联江村小学也“消失”了，师生都搬到清江村小学去了。

1995年，我中师毕业到清江村小学任教。那时，全校10多位老师全是公办教师，平均年龄不到35岁，我们领着几百个学生学习、唱歌、做操、排练舞蹈，校园里生机勃勃。

2008年，“5·12”汶川特大地震后学校重建，校园焕然一新，设施设备一应俱全。

2015年，这座曾经喧闹的校园也寂静下来，村里的孩子们或到新丰镇中心校就读，或去了城区学校。村里人不再念叨谁考上初中或高中，就是考上大学本科也早已习惯，只有堂姐的孩子14岁考上中科大的事情备受村民关注。不过30年巨变，早已换了人间。

二

我的第二任母校——新丰中学，也可以说不在了，连校名都不在了。

1989年，我13岁，骑着爸爸妈妈新买的自行车，不用坐船过河，只需用点脚力蹬上金鸡大桥，很顺畅地来到新丰场镇读中学了。而我的大伯和小姑，他们被那条河阻拦了求学的路，将自己的学习生涯止步于“高小”（小学高年级）。

幸好我们秦氏家族还是有人过河读过初中，不然会被村里人嘲笑。张家的孩子就没一个能过河读书，老一辈常常以此作为笑谈。后来九年义务教育兴起，张家的孩子终于不用考也能读初中了，听说张家老爷爷开心得不得了。他的大孙子是我的小学同学，补读六年级之后恰逢教育改革，上了新丰中学。现在他在上海发展得很好，还将父母接去享福了，不知道他们有没有意识到除了自身的努力，这一切的变化还来自于什么？

想当年，读初中极其不易，可转眼间，老百姓又不满足于在镇上读初中了，大多都“跑”到城里去读初中，离县城最近的新丰中学被广汉中学实验学校合并，现在已变成了广汉中学实验学校高新分校。而新丰镇的邻居向阳镇学校也和成都七中结盟办起了“七中班”。看来，教育改革发展必须与时俱进、顺势而为。

三

我的第三任母校——广汉师范学校，也不存在了。

1992年，我考上广汉师范学校，在那里度过了3年充实的时光。和苦读不同，我们真的是在乐学！我们唱歌跳舞、写字画画、加入社团……在校园的每一个角落，都会看到学生在学习，但他们不是像普通高中那样背书刷题。

你看——男孩子在打篮球，几年之后，广汉市中小学篮球赛的领队或裁判队伍里必有他们；女孩子在跳舞唱歌，几年之后，带着学生参加各级各类比赛的必是她们；校园广播站响起的声音会在几年后的县级、市级电视台听到甚至在央视也有广汉师范学校的校友。

那样优秀的学校仍然在滚滚洪流中没入历史 。时代在变化，教育在前进，对教师的要求也越来越高。记得从几年前开始，广汉市公招幼儿园教师必须是大学专科学历、中小学教师必须是大学本科学历。近三年甚至还有30多名硕士研究生进入中小学教师行列。

徜徉在全市的每所校园，你会惊喜地发现，这里的景，这里的人，还有看不见的思绪，都随教育的车轮滚滚向前，无时不在发生着变化。

我的母校，无论你在或不在，情就在那里。我把你放进心里，默然相爱，寂静欢喜。这也是我作为一名光荣的人民教师的不变的情怀。

24.

我骄傲，我是中师生

乐山市五通桥区金山镇金山小学　曾晓萍

1987年，我初中毕业。那年8月12日，我永远记得那天。那本是秋收前普普通通的一天，艳阳高照、热浪翻滚，我从外婆那儿回家，准备和父母一起抢收稻谷。

秋收，实在是一场苦战，劳动负荷之大，需要人咬紧牙关，全力以赴才坚持得下来。稻谷还没黄，早早地，就在心里酝酿，酝酿时间，酝酿苦楚，酝酿辛劳，酝酿承受。秋收之重，关乎全家人一年的“吃”，所以，绕不开，逃不了，全家人都得上阵，一个不能少，无所选择，所以不选择，铆足劲，只等开桶开战。

我就是回家准备开桶开战的，路上遇见来接我的叔。叔见我，第一句话就是：“你被井研师范校录取了。”

“真的？！”

“真的！”

感觉天一下子开了，太阳不是毒日，热浪不再烤人，即将到来的抢收也无所畏惧，珠有泪，玉生烟，一切都像一幅美好的画卷在我面前徐徐展开。

我考上师范校的消息轰动整个山村。我是村里第一个通过读书“脱农皮”的，也是我所在中学四个毕业班唯一考上中师的。一纸通知书，让我从此成为国家的人，端国家的碗，吃国家的饭，再不用面朝黄土背朝天。

开学前，父亲邀请所有的乡邻好友，杀猪宰羊，大办宴席，庆贺我“跳龙门”。那震彻云天的爆竹一直在响，那摆在大方桌上的酒肉一直香，那道贺的话语一直在讲，还有同龄人羡慕的眼神一直在眼前浮现……我考上中师，在父亲看来，是家里最大的荣光，甚至是家族最大的荣光。

黄金三年　成就一群美好的人

九月开学，一路舟车劳顿，父亲送我送到井研师范校。我至今还记得健壮的父亲满头大汗，扛着行李走在我前头的样子——雨天，路面湿滑，父亲的裤腿上溅满泥浆，可父亲毫不在乎，一手叉腰，一手扶住肩上的木箱子，歪着头，大步大步地往前走。父亲扛的不是木箱，而是他女儿的锦绣前程。

进了师范校，我发现同学的情形和我差不多，踏实腼腆、衣着朴素、农村户口、成绩拔尖。入师范校前，我以为自己是努力的，成绩是优秀的，进了才知，别的同学高我几十分，比我更努力、更厉害的人大有人在。

读师范真好！首先是家里不用花太多的钱。学校按月发给每个学生饭票、面票和菜票，若打紧安排，若能忍嘴，靠学校发的“三票”，基本能解决“吃”的问题。住的是大寝室，上下床，免费。父亲每学期会给我些生活费，都存银行里，五元、五元地支取，买最紧要的生活用品。知道家里不容易，能省的都省着。我的同学大多一样，懂事孝顺，节俭自律，宁愿自己被压着，也不愿过多地向父母伸手，增添父母的负担。

其次是师范校没有升学的压力，文化课的要求不高，但必须能歌善舞，多才多艺。师范校要学文选、数学、政治、历史、物理、化学、地理、生物、体育、音乐、美术、教育学、心理学、小学语文教材教法、小学数学教材教法……凡是学的，样样都是主科，样样都得考试，样样都能教学。当年考上中师的，都是顶尖的学习高手，学文化课是高手，学艺体也一样是高手。

在师范校里，我遇到这一生见过的最好的美术老师黄培基先生和最好的音乐老师叶翔忠先生，两位老先生都有我国传统文人的气度，儒雅、谦和、

1990年6月，井研师范校87级3班五通桥籍的同学与班主任杨旭罡老师的合影

敬业、认真、有极高的专业素养。

我记得黄先生在操场上教我们写生，手捏铅笔，对着物象横着比一比，竖着比一比，唰—唰—唰—，长长短短，疏密错落，不过是勾勾画画，才三笔两笔，物象便落于纸上，准确、灵动，通过加工和舍弃，平凡的事物比原来更美、更耐看。黄先生作画，潇洒、自在，那立在画板前在纸上勾勒点染的身姿，简直美极了，旁观也是极大的享受。

在井师校那狭小的音乐室里，我听过最动听的男声版《摇篮曲》，叶翔忠先生清唱东北民歌，才轻轻一哼，所有人的情绪都被带到歌曲里，长长短短，吟吟哦哦。听了才知，对着摇篮里的婴孩，柔肠百结的，不仅仅是母亲，男儿也温柔呀。

师范校里，我们遇见了一批像叶先生、黄先生一样美好的人。那三年，我们学文化，学唱歌，学跳舞，学书法，学弹琴，打篮球，打排球，打乒乓球，学备课，学上课，学评课，组织演出，组织球赛，组织展览，泡图书室，办广播台，自创刊物，做文学梦……中师三年，是快乐的三年、成长的三年，对我们一生来说，也是“黄金三年”。那三年，我们由一名初中生，成长为基本功扎实、专业素养优良、能文能武、多才多艺的小学教师。

我师范校的班主任杨旭罡老师曾说，刚进校的时候，一个个的羞涩又土气，一年后就大变样，清新脱俗，气质出众，那变化，可以用“脱胎换骨”来形容。

读书是最好的美容术。中师三年，我们遇到一群美好的老师，他们是美的使者，在我们心里播下美的种子，让我们获得了发现美、欣赏美、追求美、创造美的能力。最后，我们也变成了一群美好的人。

三尺讲台 与教育厮磨30年

1990年，我中师毕业，那年我18岁，被分回我所在的乡村，和我当年的小学老师一起，走上三尺讲台，当上了“孩子王”。

读书的时候，心里有许多梦，回到乡村，才知那些梦永远在远方。孤单、失落、迷茫、委屈……什么都有，一起读书的同学，有的升学了，有的转行了，有的调离了，还有的辞职了，大部分同学和我一样，沉在乡村，和一届又一届的学生厮守。

1992年，冠英镇徐坝小学六年级同学的合影，我在第二排左三

1993年12月，金山镇陈家寺小学在简陋的操场上举行运动会，我与另一名中师生余秀山老师的合影（左上）

1993年12月，陈家寺小学四名中师生在学校操场边的合影（右上）

1995年，陈家寺小学四名中师生编排的舞蹈《小螺号》参加金山小学文娱汇演（下）

开始我还有不甘心，还想逃离，但与教育厮磨近30年，再不甘心都变得心甘情愿。教育成了我此生钟爱的事业，不因为这是太阳底下最光辉的事业，也不觉得自己是春蚕、是蜡烛，就是简简单单的喜欢，喜欢和学生相处时心灵的震颤和眼眶的湿润，喜欢学校的安宁和浓郁的书香，喜欢教育过程中，师生间心与心的呼唤和应答。教与学，施与受，共生共长，彼此成全。

作为一名中师生，我知道自己弱，但弱者守弱而不自轻自贱，通过进修，我得到了大学学历，可意识里，我仍是中师生。我有很多机会可以离开教育、离开农村，可我选择留下，留在乡村，留在学生中。我热爱教育，这爱真诚而毫不虚妄。

想起艾青的诗：

为什么我的眼里常含泪水？

因为我对这土地爱得深沉。

400万中师生　农村基础教育最坚实的顶梁柱

像我这样的中师生，在中国基础教育，特别是农村基础教育中还有很多，他们有的是校长、副校长，有的是教导主任、骨干教师。拿我们学校为例，中师生占全校教师总数的73%，领导班子成员、中层干部，全是中师生；骨干教师里，中师生占75%。我们学校的情况绝不是个案。

读书时，我最喜欢的语文老师杨艳老师是中师生，我最喜欢的班主任程方忠老师是中师生，我最喜欢的体育老师李爱平老师是中师生。我作为中师生，影响着我的学生；我作为学生，也接受着更早于我的中师生的影响。可以毫不夸张地说，20世纪八九十年代的中师生是教育金字塔塔底的“基石”，也是支撑农村基础教育大厦的“栋梁”。

有人说，中师生为国家基础教育作出了巨大的贡献，是被耽误、被亏欠了的一代；还有人说我们是被政策和贫困耽误的一代。第一次看，我泪如雨下，好像自己真被耽误、被亏欠了一样。再看，我不这么想了。每个时代都有那个时代的局限性，而每个人的成长无一例外地要打上时代的烙印。

世间没有“假如”，当时的选择，都是各种因素纠结撕扯，相互争夺又相互妥协后最好的结果。可以想象，那么苦的农村，在热得几乎让人昏厥的晒场上，突然一纸录取通知书告诉你，以后不用这样与天斗、与地斗，不用抢收抢种，只要工作，你吃饭穿衣、生老病死都有人管，你会如何？不管有怎样的潜质和才能，我想，我还是会当中师生。

人在世间，总有许多事由不得自己，我们无法选择父母家世，无法选择

2018年6月，金山小学2018届2班的毕业照，照片上10位教师，就有8位是中师生

出生的时代，也无法选择要遭遇的人事，我们能做的，唯有顺应。

我们初中毕业，恰逢中国农村小学师资严重不足，为了缓解压力，国家出台了从初中招收优秀毕业生就读中等师范学校、毕业后回到乡村小学任教的政策，这一招生政策执行至1999年。十几年间，全国有近400万成绩优异的初中生成为中师生，毕业后这些中师生像一粒粒种子，被播撒在中国偏远贫瘠的乡村，经霜历雨，兀自成长，最终长成中国农村基础教育最坚实的顶梁柱。这个群体以前没有过，以后也不会有，而我恰好是这400万名中师生中平凡的一员。

回头看，成为这一代中师生，我骄傲；而且，不后悔。

25.

搏击高考，改变命运

三台县第一中学　胡德胜

40年革新迭起，教育也越来越受到人们的关注。作为高考的亲历者、参与者、受益者，我永远感恩高考，因为，是高考让我从一个懵懂无知的顽劣少年变成了学识丰富的知识分子，是高考让我从一个出身贫寒的农村少年变成了小有所成的城市居民，是高考让我从一个背井离乡的务工青年变成了有家有业的单位职工。高考助我冲破桎梏，改变命运！

“一折”差点去打工

1980年冬，我出生在四川射洪的一个偏僻小村，山高沟狭，祖母放牛，父母耕种，勉强度日。为了改善生活，父亲因力气较好，时常给三乡五邻做些零工，补贴家用；母亲则因身材矮小留守家里，操持里外，喂养猪、牛、鸡、鸭，作为副业。家中最困难的时候甚至得卖粮换钱以贴家用。尽管经济困难，父母依然咬牙供我和妹妹两人读书。由于条件有限，家离村小太远，为了便于相互照顾，我近8岁才和妹妹一起同班上了一年级。

从二年级开始，我的成绩逐渐崭露头角，此后成绩一直名列前茅，到初中毕业时中考成绩年级第一，顺利考上了射洪县内的重点高中——金华中学。然而，最初家里并没有打算让我去读高中，而是计划让我去打工，妹妹读职高。

母亲的发小向阿姨在小学教书，她给我父亲的建议改变了我的命运，她说：“别人家的孩子想上重点高中都没机会，甚至要找关系，给高价，你的儿子自己考上了，你却不让他读，太可惜了！孩子现在小不明白，等他大了，恐怕会怪你！”父亲回家说了这事，于是一家人再次商议。妹妹主动说：“哥哥眼睛近视，个子不高，还是让他读书，我去打工吧。”就这样，在香港回归的那一年，我踏进了高中的大门。但那时的自己还并不明白高考对我人生的意义，也未曾料到自己的高考之路会比其他人曲折。

“再折”打工赴成都

到了新的学校，来自各个乡镇的尖子生聚集一处，但我的成绩也还很优秀。高一下学期分科时，我以班级第六的成绩进入了文科班，然后成绩保持在班级前15位。妹妹也在我高一下学期时去了厦门进厂打工，并偶尔从自己仅仅几百元的工资中省出一点钱寄回帮衬家里。

然而，贫穷对人的限制也许是随根儿的。我的父母思想传统，生怕借债，我也因此一直保守，最怕欠账。高一时我自己拿米到校蒸饭，就着母亲用清油炒的干咸菜下饭，偶尔在食堂里打份荤菜，打打牙祭，这样每月费用（生活费、车费、零用钱）基本在100元以内；到了高二，学习忙，时间紧，便不再蒸饭，改在小馆子包餐，一个月120元，加上车费和零用钱基本上每个月要150元，如果再有个头疼脑热的，稍不留意就会超过200元，这对家里来说是一笔“巨款”，尤其是在每年农村经济最吃紧的“荒月”上。

高二那年的五月下旬，我放月假回家，父亲一脸无奈地告诉我家里没钱供我读书了。看着父亲那被太阳晒得黑黑的脸和无奈沮丧的神情，我也不想让家里为难，便同意了辍学。

父亲到处打听，最终找了个职介所，把我介绍到了成都的垫子厂做工。那是我第一次离开家，第一次走进厂房，第一次接触外面的世界，留存在记忆里的只有：轰鸣的机器声，铺天盖地的粉尘，阴暗潮湿的霉味和夹砂的米饭……

在垫子厂做了一个月，我打电话回村里，妈妈告诉我，妹妹知道了我辍学的事后，坚决要求父母让我回校读书，说如果没钱她想办法，不能让哥哥半途而废，父亲也同意了。于是我结束了为期一个月的打工体验，收拾了东西回到家里，一边帮着干活，一边自己补习落下的功课。幸运的是当时的班主任陈中林老师给了我再回校园的机会。于是，高三上学期我再次坐进了教室，继续自己的高中生活。

“三折”厦门想自立

回到学校的我，虽因辍学成绩有所下降，但也仍在第20名左右。然而我却迷上了小说，武侠世界里的英雄们让我走火入魔。被科任老师抓到过几次，依然不改，甚至晚上11点在盥洗间看小说被校长抓住。我的高三班主任陈良老师把我叫到办公室，结结实实地批评了一顿。刚开始，我没什么感觉，但当他说到父母、家庭时，我自责愧疚，情不能已，潸然泪下，下定决心要痛改前非，认真读书。

由于沉溺小说耽搁了不少学习，到11月月考的时候，语文居然考了49分，总成绩也下降到了30名以后，这样的成绩让我前所未有的焦虑不安，担心难再回升，心里开始对读书产生了畏惧。

12月下旬我得了重感冒，请假回家休养，回家看到那年只有48岁的父亲头发半白，胡茬满面，夹着白须，我的心里顿时充满了愧疚，觉得自己就像家里的蛀虫，消耗着钱粮，拖累了父母。而在家休养时，我又接触到打工回来的同学和老乡，听说了不少他们在外打工挣钱的事情，对外面的世界充满了自以为是的幻想，觉得只要自己勤劳踏实，出门一样可以挣钱养家，而继续读书即使考上大学，也要好几万的学费，家里也拿不出这么多钱，不如考完会考，能拿到毕业证就去打工，还可以为父母减轻负担，从此自主。

于是，我把自己的想法告诉了父母。父亲没有反对，母亲的眼泪没能改变我的固执。就这样在2000年1月考完会考，我不听班主任和语文老师的劝阻，告别同学，再一次退了学。

由于事先做好了安排，龙年正月初六，我便怀着无限的憧憬，随回乡探亲的舅舅登上了去往厦门的火车，想要凭着自己的一腔热情去开创自己的天地。然而，正如歌词里唱的："外面的世界很精彩，外面的世界很无奈"，等到真正进入打工者的行列，我才知道，自己太天真，把一切都想得太简单。中国最不缺的就是人力，尤其是沿海城市，每天劳动局、中介所外面都挤满了找工作的人。结果，我身高不够，体重不够，技术不够，视力不够，学历不够，只能跟着老乡和亲戚在外面打点儿短工——在工地做过小工，在厂里做过杂工——而这也是断断续续，时有时无。有活干活，没活看书，挣着钱时自己糊口，挣不着钱时靠妹妹周济——这就是我在厦门的打工生活——这和我曾经幻想的生活相比，差距实在是太大！

我一直很爱看书，打工的时候也不知道怎么想的居然带了些教材去，偶尔翻翻，客观上为后来的补习留了点基础。后来又买了《古文观止》《天下才子必读》和路遥的作品，尤其是路遥的作品对我的人生影响最大。

等到2000年高考结果出来，我打电话给高中的班长，才知道我们班56人参考，考上本科32人，其中好多人平时成绩不如我，心里顿时特别失落。这不禁让我想起了路遥《平凡的世界》里的主人公孙少平，他是因为历史和家庭的原因，我是因为家庭和自己的原因，既有相似之处，又有不同之处，我更多的是因为自己的固执己见、一意孤行，才导致了这样的结局啊——我的心里开始反思和后悔。

到了8月份，一次我和妹妹说起班上同学考上大学的事情，妹妹说："要是你不出来打工，肯定也考上了。"我顺口就说了一句："那要是我回去补一年，应该也能考个本科吧。"妹妹当即就说："哥哥，我早就想让你回去读书，又怕你不高兴，如果你真要回去补习，我全力支持你！"

然而，除了妹妹和幺舅一家外，同在厦门打工的二舅、姨妈、姨父等长辈都不赞同我再补习。他们说：“都出来了，还回去读什么书？万一考不上，就是浪费钱，还是得打工！”

我也犹豫了，也担心补习考不上，被四乡八邻笑话。但是，一本丁远峙写的《方与圆》给了我勇气和力量，让我下定决心，立即行动。

我说服了父母之后，立即联系了高中同学的父亲——曾教过我的高中历史老师，请教补习的事情。巧的是补习班的班主任就是我应届高三的班主任。带着惶恐不安的心情，我给陈良老师打了电话，没想到，陈老师毫不犹豫地同意了我回金中补习的请求。我激动万分，打点行囊，于2000年8月25日回到母校，开始了自己的补习生活。

梦圆大学改命运

回到金中补习的日子是我求学阶段最充实、最有成就感的人生经历。我永远不会忘记那个时候的学习热情和斗志；永远不会忘记那种学习每一科都像一个饥汉扑在一堆面包上狂啃的喜悦；永远不会忘记补习时那种积极进取，全力拼搏带来的激情昂扬的生命状态。

也许是因为我的打工经历，也许是因为我的学习热情，也许是因为我虽然少学八九个月，补习成绩依然班级前五，班上的同学都很听我的，班主任和科任老师们对我的状态和能力也给予了高度认可，这让我找到了从未有过的自信。

我们班的班风学风不断好转，大家团结一心，众志成城，几乎全班同学都在当年考上了本科院校，创造了一个不小的奇迹。

然而，由于年少轻狂，健康观念错误，我坚持在秋冬季节跑步之后用冷水淋浴，结果从2000年的12月开始就总是表现出感冒的症状，浑身酸疼，精神不振，不得不一直服药，甚至到高考前几天，我还不得不去诊所打点滴。

高考的第一个晚上，因为喉咙里有浓痰，我整个晚上没睡好觉，直到把闭塞在呼吸道里的痰吐出来才睡了一小会儿。这也让我在高考的那几天都觉得迷迷糊糊的。对高考印象最深的就是英语考试时由于自我感觉良好，激动紧张得手心冒汗，铅笔都握不住的情形。

高考成绩出来，和我预估的差不多，506分，未上一本线，我的心里有些遗憾；然而，我的家境决定了我不可能再补一年。于是，在仔细研究了志愿填报资料后，我填报了四川师范大学作为第一志愿，因为成为一名人民教师是我从小就立下的梦想之一。结果我以超出录取线20分的成绩被四川师大文学院汉语言文学专业录取。

拿到大学录取通知书的那一天，我的心里充满了激动与喜悦，因为我知道，我成功了；当我把户口迁移手续交给大学报名处的那一天，我的心里无比确定，我的命运改变了；当我签约三台一中，成为一名高中教师的那一天，我确切地知道，我的人生将不再重复父辈的轮回！

26.

一家三代传承教育梦

南充市嘉陵区思源实验学校　蒲　丹

让记忆回到20世纪90年代末，那时候的外公还没有满头白发，有着一肚子的有趣故事。春去秋又来，乡村的夜晚在外公的娓娓叙述中充满了生机。而母亲呢，总是用她温暖的手牵着我，走过每天的求学路，在诗词逸闻中给我文化的浸润。我将这些记忆拼凑起来，回顾一家三代人40年教书育人的故事。

故事的开头，是外公一生相依的讲台

出生在未曾解放的旧时代的外公，从幼时就去上了私学。几条长凳，几张桌子，小小的私塾里稚嫩的童声和夫子抑扬顿挫的教书声是外公对于教书育人的记忆的开始。

旧时代与它的产物湮没于进步的洪流里，夫子不再教书，而外公也背上背包坐进了小学课堂里。再不见私学的长桌，取而代之的是制式木质桌椅。这一坐，就是十几年。

当外公重新站在课桌前的时候，他已经是教书先生了。同学们站起来喊“老师好”时，他明白，从课桌后到课桌前这短短的距离，他竟走了十几年。而曾经作为学生的他，如今也走上了曾站在他面前人的路。

外公站上三尺讲台是在20世纪60年代末。“文化大革命”期间，教育事业受到严重影响。但是，外公是一个潜心做教育的人，在风雨中往往能找到一片宁静，他不忘初心，在“牛棚”里也悄悄成为孩子识字的引路人。

恢复高考制度以后，教育界的拨乱反正让校园重新焕发生机，外公又重新走上讲台。教室里坐着整整齐齐的学生，虽然坐的是石头凳子，趴的是石头课桌，但个个精神抖擞、容光焕发，人人眼里都透露出对知识的渴望。

“恢复高考制度改变了多少人的命运啊，那是民之福、国之幸。” 外公曾向我感叹道。

外公所在的学校位于乡村，又在教育建设的初期，教师资源自然是匮乏的。每个老师上课时在三尺讲台上充当教书人，走下课堂，也一刻不敢放松知识学习。在当时的环境下，每个老师都自发地成为“通才”，身兼数职地在各个科目的课堂上辛勤忙碌着。这可能也是我自幼年时期就觉得外公“上知天文，下知地理”的原因吧。

后来国家教育经费支出越来越多，村子里各家各户的经济条件也慢慢有所好转，能上得起学的人越来越多，学校里也越来越热闹。而一批成长起来的学生也自愿地回乡献身教育事业，乡村老师也多了起来。

“后来啊，到了年纪我就退休咯。逢年过节的还有学生回来看我。看着孩子们有出息，真的是我这个‘老教师’最欣慰的事情啊！”讲到这里，外公眼里满含笑意。

大手牵小手，和母亲一起走过漫漫求学路

到了上学的年龄，母亲带着我来到了镇上上学。母亲是镇上的一名老师，因为常年当班主任，记忆里的她总是稍显严厉。

我家住的地方离学校不算远，母亲每天上班的时候正好可以拉着我去上学。她总是提前很长时间到学校安排一天的班级事务，而我也在曙光微露的清晨就踏上了求学路。路上母亲都会让我背诵一些课文或者古诗词，或者给我讲一些成语故事、趣闻轶事。

镇上的学习环境比村子里要好许多，校舍更加干净明亮，也有了虽然不大但像模像样的操场。每周有了固定的音乐、美术和体育课，虽然课程设置非常简单，但是同学们课程参与的积极性非常高。那时年幼的我没有“素质教育”的概念，但也觉得印象里的上学并不是一件枯燥无味的事情。

“义务教育”的横幅在小镇里越贴越多，母亲收藏的毕业班照片里的学生数量也越来越可观。镇上为了保证教学质量，又新建了几所学校。原来的校舍也进行了翻新。

“‘义务教育’真的是造福了一代人啊。我当班主任的时候，国家要实现全部孩子有学上，我们每个老师都要去困难一点的家庭里单独做思想工作，给他们介绍政府发放的助学补贴政策，让他们放心把孩子送进学校。多亏了这么好的政策，才几年的时间里，我们镇上已经没有失学的小孩子了。”母亲牵着我的手，微笑着回忆道，“不过那时候镇子里可比不上城里，有一次镇上组织

去城里的学校里学习，城里的教学条件还是让我大吃一惊。人家学校的校舍建筑那么气派，学校里面的设备也好。那个塑胶跑道和咱们学校的小操场比起来可先进多了。不过这几年，‘教育扶贫’的政策一出来，我们镇子上的办学水平就又往前迈了一大步。各种文体设施也越来齐全了，每个教室也都装上了投影仪。老师们去城里交流的机会也越来越多啦。我赶在退休前，也去城里学习了好几次，吸收了很多先进的教育理念呢。”

我早已离开了小镇，母亲也已经退休，而那座在记忆中母亲牵着我走去的小小学校的变化却依然牵动着我们母女的心弦。

走上讲台，与祖国教育事业共成长

时间到了5年前，镜头聚焦在一个年轻女孩的背影上。这是她第一次走上自己梦寐以求的讲台。她的心里沉淀了家中两代长辈的期望，她的梦里预演了无数次此时此刻走上讲台的每一个细节。这个女孩就是我，一个年轻的人民教师。

像一种传承一样，我是我们家第三代老师。从小在外公和母亲熏陶下热爱读书的我在面临职业选择时，坚定地选择了当一位中学语文老师。走进教室，看见孩子们清澈的充满求知欲的眼神，我每天的工作充满了动力。我从懵懂逐渐走向成熟，成为一名掌握一定教学方法的合格老师。幸运的是，这不是我一个人的成长。在我的背后，教育制度在不断改革，在不断督促、帮助我成长。

十九大以来，学校组织了非常具有时代意义的贯彻十九大精神的学习活动，让我们每一个教师都明白：在当前的历史时刻，我们不仅仅是个体本身，更是教育系统中不可或缺的一部分，每一个人对于时代的进步都有着属于自己的历史使命。教育局和学校多次组织我们到外地学习先进的教学理念，提升自己的专业技能，以带给学生更高质量的教育。

对于“生”在乡村，“学”在乡镇，“教”在城市的我来说，我入职以后对于乡镇的教育也依然保持着关注。

从2013年入职到现在，我有幸见证到教育扶贫循序渐进地发展。随着教育扶贫工作的开展，这几年在嘉陵区内翻新加固了一大批教学楼，新建、扩建农村学校、幼儿园，补充农村学校师资力量，全面改善农村学校办学条件，全覆盖资助所有建档立卡贫困家庭学生，让每一个贫困孩子都能平等接受良好

教育。学校还组织老师对建档立卡贫困户进行下乡帮扶，辅导作业，关心贫困学生的身心健康。城乡、校际之间的差距进一步缩小，这有效推进了教育公平，促进了教育均衡发展。

从城里到乡下，孩子们坐在宽敞明亮的教室，崭新漂亮的桌椅上放着学习用品，老师在讲台上用多媒体给孩子们授课，塑胶跑道上孩子们快乐地运动，实验室里学生在老师的指导下认真做实验…… 这一幅幅画面，是那么美好。

三代人的故事还在继续，从外公到母亲，教育改革的号角刚刚吹响，孩子们有了接受教育的机会；从母亲到我，教育改革已经乘风破浪，让每个孩子都能接受有质量的教育！改革开放正在继续，教育事业的希望之火定会越来越旺！

后记

2018年，我们迎来了改革开放40周年。改革开放40年，深刻改变了中国，深刻影响了世界。改革开放的40年，也是四川教育事业飞速发展的40年。在过去的40年中，一代又一代四川教育人无愧于时代赋予的历史使命，尽心竭力推动四川教育事业改革发展迈上了新的台阶。

依据《中共四川省委宣传部等关于组织开展庆祝改革开放40周年群众性主题宣传教育活动方案》《四川省教育厅庆祝改革开放40周年宣传活动方案》等文件精神，省委教育工委、省教育厅组织开展了庆祝改革开放40周年主题宣传教育系列活动。其中，“庆祝改革开放40周年·亲历者说”和“庆祝改革开放40周年·见证篇”两个项目由教育厅办公室牵头，宣思处、离退休处、四川省教育基金会、四川教育报刊社共同参与。

2018年9月，办公室、宣思处、离退休处、基金会和报刊社共同确定“亲历者说”项目的采访对象，共计13人。采访对象包括徐世群、韩邦彦、卢铁城、涂文涛等老领导，以及曾参与过一些重大教育事件的市州教育行政部门干部、校长、教师。访谈包括文字采写和视频录制两个部分，由四川教育报刊社《四川教育》和《教育导报》的骨干记者承担。

2018年9月，教育厅向21个市（州）教育行政部门下发开展征文活动的通知。征文以“见证改革开放40周年”为主题，要求各市

（州）教育行政部门在广泛征集、精细筛选、严格把关的基础上，各报送3篇文稿。最终，“见证篇”共收到市（州）教育行政部门报送的文章199篇及大量照片。《四川教育》编辑部编辑记者们精选出26篇，进行编辑加工。

为宣传改革开放40年来我省教育事业发展取得的伟大成就，展示全省教育系统干部师生的良好精神风貌，总结我省教育改革发展的历史经验和教训，我们编辑整理“亲历者说”和“见证篇”两个项目的图文和视频资料，结集出版《见证——四川教育改革开放40周年亲历者采访手记》。

10年前，省委教育工委、省教育厅编辑出版了《改革开放30周年——四川教育回顾与展望》一书，由四川大学出版社出版，为全省教育改革发展留下了宝贵的资料。正如教育家蔡元培先生所说：“教育者，非为以往，非为现在，而专为将来。”《见证——四川教育改革开放40周年亲历者采访手记》一书旨在虚心向昨天学习，服务今天的实践，为明天做好准备。

40年栉风沐雨，40年砥砺奋进。新时代，中国改革开放的宣言正在激发广泛而深远的世界回响；新时代，四川教育必将乘着改革的春风创造更加美好的未来。

本书编委会

2019年3月